大学における ハラスメント対応 ガイドブック

問題解決のための
防止・相談体制づくり

山内浩美・葛 文綺
編

福村出版

はじめに――大学のハラスメント対応が注目される時代

大学におけるハラスメント問題は、長い間世間からはあまり注目されず、マスコミで報道されるとしても小さな新聞記事となるくらいだった。しかし、2018年に起きた日本大学アメリカン・フットボール部の選手による危険タックル事件は、全国的に連日のように報道され、危険タックルの背景に、監督、コーチから学生へのパワー・ハラスメントがあったことが日本中から注目された。また、大学が行った記者会見も大きな批判を受けた。当時、他にも、大学のハラスメントに関連する問題がテレビで大きく報道されるのを見て、大学の執行部やハラスメントに関わる教職員は、「同じことがうちの大学で起こるかもしれない。その時はうまく対応できるだろうか」と冷や冷やしたのではないだろうか。

SNSがなかった時代、ニュースはプロのジャーナリストが取材し、報道されたことのみ目にするものであったが、今では、誰もが自分のスマートフォンで撮影した動画や写真をSNSに投稿でき、その投稿が多くの人の興味を惹くものであれば、瞬く間に何万人にも拡散するようになった。そして、ネット上で話題になっていることをマスコミがテレビのニュースで取り上げ、タレントや専門家がコメントする、という流れができている。世の中の人が興味を惹かれるような動画や画像は、瞬く間に世間の目にさらされる。

SNSの時代以前は、警察が捜査を行うほどのレベルにはない大学で起こったハラスメント事案については、大学という閉じたコミュニティの中において、内々に処理されることがほとんどだった。しかし、SNS全盛の時代では、いくら大学が「内々に」処理したくても、そうはならないことが起こることがある。普段は一部のアメフトファンしか注目しない、大学のアメフト部の公式試合の動画だが、危険タックルのシーンがＳＮＳで一気に拡散されたのだ。それをマスコミが見つけて地上波で報道し、数日のうちに日本中に知られることとなった。

小中高校におけるいじめと同様、大学においては多くのハラスメント問題が起きている。現在想定されているハラスメント対応では、起こっているハラスメントの一部が大学のハラスメント相談窓口につながり、相談のみで解決しない場合、調整、あるいは調査の申し立てがなされる。調査の結果により、ハラスメントの認定がなされて、懲戒処分となった場合、国立大学はその事実を公表する義務があるので、大学のウェブサイトに多くは職名、性別、年代といった個人が特定されない情報が掲示される。私立大学では、ハラスメント調査の結果、ハラスメント認定がなされて懲戒処分が行われても、大学がその事実を公開する義務はないため、多くは大学のウェブサイトに掲示されることもなく、大学は学内でもその事実を周知しないため、多くの学生や教職員は自分の所属する大学でのハラスメント認定や懲戒処分を知らないままということも多い。

しかし、マスコミで報道されると、全国にハラスメント内容と当事者の名前が知れ渡り、マスコミを通じてごく一部の情報を得た識者がコメントし、世間が大きく反応すると、それは大学の対応や調査、処分にまで影響を与えてしまう。現在はそのような時代になってきていることを踏まえ、大学のハラスメント対応は、これまで以上に慎重かつ柔軟に行うことが必須である。大学がハラスメントに対してしっかり対応しないと、大学の評判が一気に下がってしまうリスクが大きい。リスクを低減させるには、ハラスメントに関する危機的な状況が発生する前に、現在起きているハラスメントに対して適切に対応できる体制を構築することが大事である。ハラスメント対策は大学にとって重大なリスク・マネジメントの課題なのだ。

本書はこのような新しい局面を迎えた時代に、大学のハラスメント防止・相談体制を刷新したいと考えている大学教職員向けに、大学でハラスメント相談に日々対応しているハラスメント専門相談員である著者らが、自分たちの知見、研究、実践について紹介することを目的に編集している。大学のハラスメント相談が、「専門相談」として認識され、ハラスメント専門の相談機関や、ハラスメント専門相談員が設置された歴史は浅い。著者らは臨床心理士、公認心理師などの資格を持つ心理職であり、「相談」の専門家であるが、「ハラスメント」問題には、専門相談員として大学に採用されて初めて本格的に向き合うことになった人がほとんどである。日本におけるハラスメント専門相談のパイオニアとして、持ち込まれるハラスメント相談にどのように対応すべきか、大学を超えて悩みや苦労を共にし、よりよいハラスメント相談対応を目指し、共同研究を行ってきた。著者らの知見が皆さんの役に立ち、多くの大学でハラスメント被害者が救済され、安心して学び研究できるキャンパスとなることを願っている。

第1章では、大学のハラスメント対応の歴史についてまとめた。日本におけるハラスメント問題は、職場におけるセクシュアル・ハラスメント裁判から始まり、雇用に関する法律において扱われてきた。社会の動きとハラスメントに関連する法律、大学に対する文部科学省からの通達について詳しく紹介する。また、一般社会においてセクシュアル・ハラスメント理解が広がる中、新たにパワー・ハラスメントが大きな社会問題となってきたが、大学においても、近年、パワー・ハラスメントとアカデミック・ハラスメントの相談が増えてきており、この流れに関する近年のパワハラ防止対策関連の法制化の動きについて記した。

第2章では、大学におけるより効果的なハラスメント防止・相談体制の構築のための基礎資料を紹介する。これは、全国の大学のハラスメント防止・対応システムに関する実態調査、大学のハラスメント相談体制に関する実態調査、大学におけるハラスメント事例に対する援助プロセスについて、著者らが行った共同研究の成果である。大学における「ハラスメント防止・対応システム」の組織構築の際に役立てていただきたい。

第3章では、ハラスメント専門相談員の立場から見た、大学におけるハラスメント相談の特徴と相談対応例を紹介する。まず、大学におけるハラスメント相談の特徴と、一般的なカウンセリングとの違いについて説明する。そして具体的なハラスメント相談の対応例について、セクシュアル・ハラスメント、アカデミック・ハラスメント、パワー・ハラスメント、それぞれの相談の特徴と、相談員の立場からどのように対応するのかについて模擬事例を提示し、ハラスメント相談の実際についての理解を促す。また、ハラスメント相談に従事する心理職のインタビュー調査によって明らかになった知見を紹介し、大学におけるハラスメント相談に求められる基本姿勢や援助スキルについて伝える。

第4章では、大学のハラスメント対応の今後の展望について紹介する。ハラスメント対応は、被害者の救済と、ハラスメント認定がなされた場合に加害者に懲戒を課して終わりではない。加害者の多くは問題となった自分の言動についてハラスメントとは認識していなかったと言っている。ハラスメント認定と懲戒処分を受けただけでは、その認識は変わらない。加害者が大学の職を続ける場合、ハラスメントの再発や二次被害を防止するためには、加害者が自分の言動に問題があるということをしっかりと認識する必要があり、それには加害者への研修、支援、指導などのサポートが必要である。また、大学内に埋もれているハラスメントの実態を把握し、大学全体をハラスメントが起こりにくい風土に変えていくためには、大学構成員である教職員や学生への継続的な啓発活動による、ハラスメント防止の努力を続けていく必要がある。ハラスメントに関する学内アンケートの実施と結果の活用は有効である。また、学生参加によるキャンパス・ハラスメント防止の試みについて紹介する。

第5章では、模擬事例を用いていくつかの大学のハラスメント相談・防止体制の取り組みを紹介する。相談者が来談してから問題が解決するまでのプロセスを具体的に示しながら、各大学の体制の特徴を説明し、有効なハラスメント防止・相談体制について言及する。

大学の組織は、学生、教員、職員と立場が異なる人たちで構成されている。一般企業とは異なり、学生や教員は、研究科、学部、学科、ゼミ、クラブ・サークルなど、複数の組織に所属しており、職員の雇用形態も、正規、嘱託、派遣、業務委託などさまざまで、権力構造が非常に複雑になっている。そのような大学において、権力の乱用であるハラスメントが起きるのは自然なことなのかもしれない。起こってしまったハラスメントをどのように相談に結び付けて解決し、防止していくか、大学の知恵と力量が問われている。本書が、読者の所属する大学におけるハラスメント防止に寄与することができ、安心して学び、研究し、働くことができるキャンパスづくりの一翼となることができれば幸いである。

本書で書かれている事例はすべて模擬事例で、内容、登場人物はすべて架空のものです。

◆ 目次 ◆

第1章　大学のハラスメント対応の歴史

第1節　雇用における男女平等とセクシュアル・ハラスメント

大学におけるハラスメント対応の歴史は、始まったばかりと言えるほど、とても浅い。今ではさまざまな「ハラスメント」が問題とされているが、最初にハラスメントという言葉が出てきたのは、職場におけるセクシュアル・ハラスメント（以下、セクハラ）からであり、男女不平等な社会がその背景にあった。日本では、高度経済成長期である1960年頃から企業で働く女性労働者が増えはじめたが、当時女性は結婚退職するまでの「腰かけ」で働くのが一般的であり、仕事内容は単純作業や男性の補助的業務などに限定されており、多くの職場で女性のみを対象とした結婚退職制度が設けられていた。女性労働者について定められた最初の法律が、1972年に制定された「勤労婦人福祉法」である。この法律は1970年代に、雇用者総数の3分の1が女性、その過半数が既婚者となった時代背景のもと、女性が残業生活と家庭生活との調和を図ることと、能力を発揮して職業生活を営むことが国家的課題であるとの観点に立ち、制定された。その後、国連が女性の地位向上を目指して1975年を「国際婦人年」と定めたこと、1981年に「女子差別撤廃条約」を発行し、日本が1985年にこの条約を批准したことから、男女の雇用均等についての法律の整備へ向けた取り組みがなされるようになった。日本国憲法第14条で定められている「すべて国民は、法の下に平等であつて、人種、信条、性別、社会的身分又は門地により、政治的、経済的又は社会的関係において、差別されない」という理念に基づき、労働者が性別によって差別されることなく、能力を十分に発揮できる環境を整備することが求められるようになり、1985年に「勤労婦人福祉法」を改正する形で、「男女雇用機会均等法」が制定され、福祉法から平等法へと法律の性格が変わった。つまり、女性を保護するという視点から、男女平等の視点へと法律の趣旨が変わったのである。

日本より女性の社会進出が進んでいたアメリカでは1980年に、連邦雇用平等委員会（EEOC）によるセクハラについてのガイドラインが公表された。その後多くのセクハラ訴訟が起こされ、アメリカ進出が増えていた日本企業も対応を迫られた。このようなアメリカ社会の影響を受け、日本でも女性たちが声をあげはじめた。

日本で初めて「セクシュアル・ハラスメント」（セクハラ）という言葉が登場したのは、1989年、平成元年である。福岡の出版社に勤務していた女性社員が、男性上司から性的な悪評を立てられ、事実上退職を強要されたのは性差別に当たるとして元上司と元勤務先を訴えた。この裁判はマスコミによって大きく報道され、「セクハラ」が1989年の新語・流行語大賞を獲得した。この日本初のセクハラ裁判は、3年後の1992年に女性社員の全面勝訴の判決が下った。当時の一般的な職場では、女性社員は「職場の華」と呼ばれ、男性社員より早く出社し職場の全ての机を拭いてお茶を出す習慣が定着しており、男性社員があいさつ代わりだとして女性社員のお尻を触ることも問題にならなかった時代だったが、「セクハラ」という言葉が社会に広まってからは、女性社員に対する性的な言動はしてはいけないことであるという認識が徐々に広まっていった。

日本の大学におけるセクハラ問題の発端は、1993年に発覚した京大矢野事件である。京都大学東南アジアセンターの所長であった矢野暢氏（故人）の研究室で、複数の若い女性秘書が立て続けに辞職したことをきっかけに、数々の性暴力とセクハラが明らかになった。そして、数年間にわたって矢野氏から継続的に性暴力を受けてきた元秘書の甲野乙子さん（仮名）が京都弁護士会に対して人権救済の申立を行った。京都大学の女性教官懇話会代表の小野和子教授がこの事件についての論評を京都大学新聞に発表すると、矢野氏は小野教授に対して名誉毀損で民事訴訟を起こすとともに、文部大臣を相手として辞職承認処分の無効を訴えた行政訴訟、被害者甲野乙子さんと、被害者の代理人であった弁護士それぞれを相手とする民事訴訟を起こした。4年近くの裁判の過程で矢野氏が行った行為は事実認定され、これら4件の訴訟はすべて矢野氏が敗訴となった。

1995年に北京で開催された第4回世界女性会議で、女性の権利の実現とジェンダー平等を目指す「北京宣言」と「行動綱領」が採択されると、女性に対するセクハラについて、世界的に厳しい目が向けられるようになった。日本では、1996年に、男女共同参画審議会から、内閣総理大臣に「男女共同参画ビジョン」が提出され、国として女性の人権に対する本格的な取り組みが進み、1999年に「男女共同参画基本法」が成立した。1997年には労働者の男女平等に関する法律である「改正男女雇用機会均等法」が成立し、募集、採用、配置、昇進、降格にまつわる性差別をなくすための、事業主の努力義務が規定に加えられた。セクハラは、この改定男女雇用機会均等法において初めて法律に規定され、事業主に雇用管理上の配慮が義務づけられ、法定の事項に関して事業主が講ずるべき具体的内容については、厚生労働大臣が指針を定めた。翌年の1998年に、人事院規則に国家公務員に関するセクハラの防止が記載され、各省庁の長は職場におけるセクハラを防止するための必要な措置を講じることを義務付けられた。

これを受けて、1999年3月、文部省は訓令第4号「文部省におけるセクシュアル・ハラスメントの防止等に関する規程」、通称「文部省セクハラ規程」を制定した。これは、同年4月施行の「改正男女雇用機会均等法」に定められた企業におけるセクハラ問題に対する防止策や対応策を教育研究機関にあてはめたもので、教育研究機関におけるセクハラ防止対策規程としては唯一のものである。この規程は、まだ法整備がなされていない、教育機関で学ぶ学生たちに対するセクハラ問題について、対象となる「学生等」を細かく定義し、修学上の不利益を想定した保護・救済を明文化していることにおいて、とても重要である。この規程では、「各国立学校等に対し、セクハラの防止のための研修の実施や、苦情相談体制の整備、学内規程の制定などの取組が適切になされるよう指導に努める。また、公私立学校等に対しても、セクハラの防止のための取組が進められるよう支援を行う」としており、国立大学を対象とした通知であったが、私立大学もセクハラの防止に取り組むことが求められた。

現在の大学のハラスメント防止体制の基礎となる、この「文部省セクハラ規程」（省庁再編により現在は「文科省セクハラ規程」）は、訓令としては大きなもので、文部省は国立大学や研究所への丁寧なリサーチに基づいて制定し、文部省大臣官房人事課長と高等教育局長名の通知を、全国の国公私立大学、短大、高専に送り、すべての構成員に周知徹底させようと力を入れた。

規程にはハラスメント相談における「相談員等の責務」について、第7条に「相談員等は、苦情相談に係る問題の事実関係の確認及び当該苦情相談に係る当事者に対する指導・助言等により、当該問題を適切かつ迅速に解決するよう努めなければならない。……（中略）相談員等は、苦情相談への対応に当たっては、関係者のプライバシーや名誉その他の人権を尊重するとともに、知り得た秘密を他に漏らしてはならない」と明記された。

文言の定義についても下記のように細かく定められた。「職員」とは、教員、事務職員、技術職員、非常勤職員、委託契約職員等をいう。「学生等」とは、児童、生徒、学生、聴講生、研究生等、国立学校等において修学する者をいう。「性的な言動」とは、性的な関心や欲求に基づく言動をいい、性別により役割を分担すべきとする意識に基づく言動も含み、職場の内外を問わない。「セクシュアル・ハラスメントのため職員の就労上の又は学生等の修学上の環境が害されること」とは、セクハラを受けることにより、職務に専念することができなくなる程度に就労上の環境が不快なものになること又は学業に専念することができなくなる程度に修学上の環境が不快なものになることをいう。「セクシュアル・ハラスメントへの対応」とは、就労上又は修学上の地位を利用した交際又は性的な関係の強要等に対する拒否、抗議、苦情の申出等の行為をいう。「不利益」には次のようなものを含む。①昇任、配置換等の任用上の取扱いや昇格、昇給、勤勉手当等の給与上の取扱い等に関する不利益。②進学、進級、成績評価及び教育研究上の指導を受ける際の取扱い等における不利益。③誹謗中傷を受けることその他事実上の不利益。また、苦情相談の範囲を下記のように定めている。「苦情相談」には、セクシュアル・ハラスメントによる被害を受けた本人からのものに限らず、次のようなものも含まれる。①他の者がセクシュアル・ハラスメントをされているのを見て不快に感じる職員からの苦情の申出。②他の者からセクシュアル・ハラスメントをしている旨の指摘を受けた職員からの相談。③部下等からセクシュアル・ハラスメントに関する相談を受けた監督者からの相談。そして、苦情相談には複数の職員で対応するとともに、苦情相談を行うものと同性の相談を受ける職員が同席できるような体制を整備するものとしており、相談員等の中には、部局長あるいは人事担当課長職以上の職員を含む、と管理職が相談を受ける義務を定めている。

この規程の重要な点は、セクハラを、個人の問題として扱うのではなく、大学の組織全体として防止するものとし、問題が起こった場合は、「監督者の責務」から「国立学校等の長の責務」まで、つまり組織における各部署の現場の責任者から上層部の責任者まで、組織の問題として早期に解決と再発防止策を行う義務と、セクハラ加害者を雇用した使用者としての責任を定めたことである。

この文部省セクハラ規程における二大柱は、「安全配慮義務」と「不利益取扱いの禁止」である。企業における雇用者としての使用者責任については以前から法律化されていたが、改正男女雇用機会均等法において新たに定められた「安全配慮義務」は、組織の責任者だけでなく組織の構成員の一人一人が、人権尊重の意識を持って性差別やセクハラを防止し、組織を健全に運営していく責任を持つという考えに基づく新しい発想である。「不利益取扱いの禁止」の条項は、最初のセクハラ被害から派生する二次被害を防止することを目的に定められた。セクハラ被害者にとって、被害を受けたことについて相談したことで、相談された側の偏見により、さらに傷つけられるだけでなく、被害者の方がその大学を退学したり退職したり、そこまでいかなくても、そもそも被害に遭わなければ普通に享受できていたはずの、安心できる学習・就労環境が奪われてしまうという二次被害は、時には、身体的な被害そのものよりもずっと大きく、被害者のその後の人生を大きく変えてしまうのである。

この新たな「安全配慮義務」と「不利益取扱いの禁止」の考え方を取り入れた文部省の規程通知は、大学のセクハラ対応に大きな影響を及ぼした。この通知に従い、国立大学はハラスメント相談体制を整備し、大規模私立大学においてもセクハラ防止の取り組みが進められた。通知が出された1999年には、国立大学で初めて大学の自主的調査による懲戒処分が出され、その後数年間にわたり、多数の国公私立大学で自主的調査が実施され、セクハラの加害教員が懲戒処分を受けた。この規程については、2001年に文部省と科学技術省が統合された時、2004年に国立大学が法人化された時、そしてその後も数年ごとに同じ内容の訓令が再通知されており、文部科学省がこの訓令を重要視していることがわかる。

学校法人の使用者責任については、2003年に、清泉女子大学におけるセクハラの二次被害に関する裁判が行われ、大学が敗訴した。これは、学内で発覚した男性教員から多数の女子学生に対するセクハラについて、加害者である男性教員がセクハラを認めて大学を退職後、女性専任教員が、被害を大学に申立てた学生（卒業生）たちと、被害学生たちを支援した非常勤教員を非難する言動を続けたにもかかわらず、大学の責任者は女性専任教員の言動を止めるどころか、非常勤教員を解任したというものである。東京高等裁判所は男性教員の行為をセクハラと認定し、女性専任教員が、それに起因してセクハラ被害学生たちと非常勤教員を人格攻撃したことを違法とし、大学の女性専任教員への使用者責任を認めた判決となった。その後、文部科学省から清泉女子大学へ継続的な指導が行われた。

２００５年12月に閣議決定された「第2次男女共同参画基本計画」には、教育の場におけるセクハラ防止対策の具体的施策として、「セクシュアル・ハラスメントを行った教職員に対しては、懲戒処分も含め厳正な対処を行う。また、懲戒処分については、再発防止の観点から、被害者のプライバシーを考慮しつつ、その公表について検討する。スポーツ、文化、芸術等の分野における指導者等からのセクシュアル・ハラスメント～中略～の防止に努める」、また、「大学をはじめ教育機関等においても徹底した防止対策をとる」と記載された。

２００６年の改正男女雇用機会均等法（第2次）は、女性差別禁止法から、性別を理由とする差別の禁止とする性差別禁止法となり、セクハラの対象に男性も含められ、セクハラの予防等について事業主の雇用管理上の措置が義務化された。また、実効性を確保するため、セクハラおよび母性保護措置も紛争調整委員会による調停および企業名公表の対象とされた。

セクハラに関する法律の整備は、日本社会全体がセクハラを許さない方向に大きく動き出していることの反映でもあり、その動きの促進力にもなった。男女雇用機会均等法の改正により、セクハラ防止に向けた配慮義務や、ハラスメントが起きた際の対応義務が、事実上の雇用管理上の責任として盛り込まれたことを機に、セクハラ研修の対象と内容が変化していった。それ以前のセクハラ研修は、被害に遭う可能性が高い女性教職員のみを対象とし「どうしたら被害に遭わないか」「セクハラ被害に遭ったら、どう対応すればよいのか」という内容だったのが、改正男女雇用機会均等法の施行により、セクハラの加害者になる可能性が高い男性教職員に研修対象をひろげ、「どんな言動がセクハラになるのか」「セクハラはしてはいけない」「セクハラの加害者にも被害者にもならないために」というテーマで実施されるようになった。

そして、2015年に閣議決定された、第4次男女共同参画基本計画では、第2部－Ⅱ－第7分野－8－イ（教育の場におけるセクシュアルハラスメント防止対策等の推進）に、「①国公私立学校等に対して、セクシュアルハラスメントの防止のための取組が進められるよう必要な情報提供等を行うなど、セクシュアルハラスメントの防止等の周知徹底を行う。②大学は、相談体制の整備を行う際には、第三者的視点を取り入れるなど、真に被害者の救済となるようにするとともに、再発防止のための改善策等が大学運営に反映されるよう促す。また、雇用関係にある者の間だけでなく、学生等関係者も含めた防止対策の徹底を促進する、③セクシュアルハラスメントの被害実態を把握するとともに、教育関係者への研修等による服務規律の徹底、被害者である児童生徒等、さらにはその保護者が相談しやすい環境づくり、相談や苦情に適切に対処できる体制の整備、被害者の精神的ケアのための体制整備等を推進する。また、被害の未然防止のための児童生徒、教職員等に対する啓発・教育を実施する」という文言が記載された。

また、性的マイノリティに関して、2003年、「性同一性障害者の性別の取扱いの特例に関する法律」が議員立法により制定され、学校における性同一性障害に係る児童生徒への支援についての社会の関心も高まり、対応が求められるようになってきた。文部科学省は、2010年に小中高等学校を対象に、「児童生徒が抱える問題に対しての教育相談の徹底について」、2016年には、「性同一性障害に係る児童生徒に対するきめ細かな対応の実施等について」という通知を出し、教職員の理解を促進することを目的とした資料を作成し公表した。同じ2016年には、厚生労働省が、「事業主が職場における性的な言動に起因する問題に関して雇用管理上講ずべき措置についての指針」として「被害者の性的指向又は性自認にかかわらず、当該者に対する職場におけるセクシュアル・ハラスメントも、本指針の対象となるものである」と告示した。

大学の側から見たハラスメント対応としては、１９９９年の文部省セクハラ規程の通知以降、各大学はハラスメント相談体制を整え、「セクシュアル・ハラスメント防止委員会」を設置し、セクハラの「中立」や「調査」に関する規程を策定していった。このように、大学のハラスメント防止・相談体制は、当初、セクシュアル・ハラスメントのみに対応するものであった。

第２節　アカデミック・ハラスメントとパワー・ハラスメント相談への広がり

「アカデミック・ハラスメント」（アカハラ）という言葉は、１９９２年秋の『週刊朝日』に初めて登場した。大学が抱える問題についての数回の特集記事において、担当記者が、大学の構造や体質の中に蔓延するハラスメントの実態を社会現象として捉え社会問題として提唱すべく、ネーミングしたとのことである。

また、東京都は１９９５年から「職場において、地位や人間関係で弱い立場の労働者に対して、精神的又は身体的な苦痛を与えることにより、結果として労働者の働く権利を侵害し、職場環境を悪化させる行為」についての労働相談を受け付けるようになっていたが、職場のハラスメント防止の研修や相談を行う(株)クオレ・シー・キューブが２００１年に、このような行為を「パワー・ハラスメント」（パワハラ）と名づけた。

厚生労働省では、職場のいじめ・嫌がらせについて都道府県労働局への相談が増加傾向にあったことを踏まえ、「職場のいじめ・嫌がらせ問題に関する円卓会議」を開催し、２０１２年３月に「職場のパワーハラスメントの予防・解決に向けた提言」を取りまとめた。厚生労働省の、職場のいじめ・嫌がらせ問題に関する円卓会議ワーキング・グループは、職場のパワハラについて「同じ職場で働く者に対して、職務上の地位や人間関係などの職場内の優位性を背景に、業務の適正な範囲を超えて、精神的・身体的苦痛を与える又は職場環境を悪化させる行為をいう。上司から部下に行われるものだけでなく、先輩・後輩間や同僚間、さらには部下から上司に対してさまざまな優位性を背景に行われるものも含まれる」と定義した。

アカハラやパワハラという言葉が社会に浸透していくにつれて、セクハラのみを想定していた大学のハラスメント窓口にも、教員学生間あるいは教員間のアカハラや、職員間のパワハラなどの相談が、次第に多く寄せられるようになった。文部科学省からアカハラやパワハラに対する規程や通知は出されていないが、多くの大学は、現場のニーズに後押しされて、セクハラだけでなくアカハラやパワハラにも対応できるように、規程や相談窓口の再整備を行ってきた。

現在、ほぼすべての大学には、ハラスメント防止委員会が存在し、相談や中立の体制を整備している（第2章第1節参照）。しかし、セクハラ以外についての文部科学省の規程や通知がないため、大学のハラスメント規定が、セクハラのみとなっている大学も未だにある。厚生労働省は、労働局へのパワハラの相談件数が増加し被害が深刻化したことから法規制に踏み切り、2019年5月に、職場のハラスメント対策の強化を柱とした「パワハラ防止法†150頁」が成立した。パワハラやセクハラ、妊娠出産を巡るマタニティー・ハラスメントに関し「行ってはならない」と明記し、パワハラの要件を設け、事業主に相談体制の整備など防止対策を取るよう初めて法律で義務付けた。労働施策総合推進法、男女雇用機会均等法、育児・介護休業法など五本の法律を一括改正する内容となっており、三つのハラスメントの対策として国・事業主・労働者に対し、他の労働者の言動に注意を払う責務を規定。事業主には、被害を相談した労働者の解雇など不利益な取り扱いを禁止するものである。

今後、文部科学省から「パワハラ防止法†150頁」に基づく通知が出され、セクハラだけでなく、包括的なハラスメントに対する大学の取り組みが促進されていくのではないか。ハラスメントについては、さまざまな新しい問題が次々と現実に起きてくるので、前述の裁判のように、大学のハラスメント対応においては、従来の規程が現状に対応できていない場合には、規程に縛られずに、柔軟な運用をしていくことが求められている。

大学にとってハラスメント問題とは、大学の評判やイメージに大きな影響を及ぼす危機管理の問題である。時代の流れの中で、ハラスメント被害者の意識も大きく変わってきた。以前は、セクハラの被害に遭うこと自体が「恥ずかしいこと」と認識されており、セクハラを相談すること、ましてや加害者を告発することに対してハードルが非常に高かったが、人権意識の高まりや、世界的な #MeToo 運動の影響もあり、「セクハラを受けたことが恥ずかしい」という意識は、男女雇用均等法の成立以降に社会に出た世代は持たなくなり、「セクハラをする人の方がよっぽど恥ずかしい」という考えが広まってきた。古い価値観に基づいて、セクハラ被害者に対して「セクハラを受けたことが世の中に知られたら、あなたの価値が下がってしまうから、あなたのためにならないよ。誰にも言わない方があなたのためだよ」という言葉は高齢の世代からまだ聞かれることもあるが、今日ではこのような言葉かけは、明確に「二次ハラスメント加害」と捉えられている。

このように、ハラスメントについて相談を受けた時に、不適切な対応をすると、それもまたハラスメントと捉えられるようになったため、これまでは、話を聞くことが上手な女性教職員が、ハラスメント相談員の役割を任命されていた大学が多かったが、ハラスメントについての知識を持たない教職員がハラスメント相談に当たるリスクが認識されるようになった。また、ハラスメントについての認識が社会に広まり、ハラスメント被害を相談することについての社会的な抵抗感が低くなってきたこと、また、他者の不適切（と自分が認識した）な行為を、相手が属する組織に訴えることが当たり前となってきた社会の風潮の影響もあり、昨今、多くの大学においてハラスメント相談の件数が増え、兼任の相談員が、ハラスメント案件への対応に追われ、自分の本務の仕事に大きな支障が出ている状況が起こってきている。そのため、ハラスメント相談窓口機能を外部機関に委嘱するか、あるいは、ハラスメント専門の相談室を設置し、ハラスメント専門相談員を配置する動きが出てきている。「パワハラ防止法」†150頁の施行に向けて、２０１９年11月にパワハラの定義や防止策の具体的内容を盛り込んだ指針が、厚生労働省の労働政策審議会の分科会でまとまった。この「パワハラ防止法」は２０２０年6月に施行され、大学におけるハラスメント防止・相談体制の整備について、迅速な対応が求められている。

第2章 大学におけるハラスメント防止・相談体制

組織におけるハラスメント防止においては、予防や対応にあたって基盤となる制度設計が重要である。大学のハラスメント防止・相談体制に関しては、仁平ら（2004）が「アカデミック・ハラスメント防止ガイドライン作成のための提言」中でアカデミック・ハラスメント対応のための制度として「相談」「調整」「調停・調査（審理）」の3機能を示すなど、一定の枠組みを提示している。こうした動きの中で各大学は、より有用な防止・相談体制を構築、あるいは模索しているものと思われるが、大学の規模や特色によってハラスメント防止・相談体制は異なるため、それぞれの大学が実際にどのような防止・相談体制を整え、どのような課題を有しているかについては明らかではない。そこで本章ではまず、より良い防止・相談体制の構築のための基礎資料を得ることを目的として実施された、全国の大学のハラスメント問題に対する防止・相談体制の実態に関する質問紙調査の結果について紹介する。さらに、ハラスメント相談のプロセスに関する質的研究を紹介し、ハラスメント防止・相談体制における相談の実際がどのようなものであるかを示す。

第1節では、各大学に設置された委員会やハラスメント対応のための制度などの「ハラスメント防止・対応システム」について、各大学の体制をまとめた。ここで言う「ハラスメント防止・対応システム」とは、大学内のどのような組織がハラスメントの防止や対応に当たるか、またその組織がどのような人員で構成され運営されているか、といった組織建ての側面に加え、ハラスメントの問題が生じた時に利用可能な解決のための制度という側面を中心とする。加えて、ハラスメントの防止や啓発活動のために各大学が実際にどのような取り組みを行っているかという予防・啓発的側面についても触れる。

第2節では、各大学がどのような方法で相談を受けているかということを中心とした「ハラスメント相談体制」について各大学の取り組みをまとめた。「ハラスメント相談体制」は、広い視点で見れば防止・対応システムの一部であると言えるが、ハラスメント対応において相談が果たす役割は非常に重要なものである（杉原、2017）という視点により、相談体制については詳しく調査した内容を、一つの節としてまとめて紹介する。

第3節では、ハラスメント相談は実際にはどのようなプロセスによって実施されているのかということについて、ハラスメント専門相談員を対象とした質的研究によって明らかにされた知見を紹介する。第1節と第2節がシステムや組織建てという比較的巨視的な視点と捉えれば、第3節はより微視的であり、かつ当事者に直接関わるという、いわば最前線の視点からハラスメント対応のありようについて示すものである。

第1節　大学のハラスメント防止・対応システムに関する実態調査

それではまず、大学のハラスメント防止・対応システムに関するアンケート調査で得られた結果を示すことで、本邦の大学のハラスメント防止の実態について見てみよう。この調査は、2016年12月～2017年1月に、文部科学省が公表している全国の国立大学、公立大学、私立大学776校を対象と

表２-２　回答大学の学部生の人数

項目内容	校数	%
1,000 人未満	90	28.8
1,000 ~ 1,999 人	68	21.7
2,000 ~ 4,999 人	77	24.6
5,000 ~ 9,999 人	43	13.7
10,000 人以上	33	10.5
未記入	2	0.6

表２-１　回答大学の設置形態

項目内容	校数	%
国立大学法人等	61	19.5
公立大学	44	14.1
私立大学	207	66.1
未記入	1	0.3

表 2-1、表 2-2［久ら（2018）「大学におけるハラスメント相談体制の現状」『学生相談研究』39, 118-129 頁を一部改変］

し、実施したものである。以下に示すのは、回答が得られた３１３校（郵送での回答１９４校、ＷＥＢ上での回答１１９校、回収率40・３％）のデータについて分析を行った結果である。アンケートの項目については、全国の大学が公にしているガイドラインの情報を基に筆者らが独自に作成した。対象者はハラスメントの防止や相談に直接関わっている者とし、任意で回答への協力を求めた。

１　回答した大学の特徴

回答が得られた大学全体（表２-１、表２-２、表２-３）のうちでは私立大学が66・１％と最も多かった。また、大学の規模については、約半数の大学が学部生の数が２千人未満の大学であった。

２　ハラスメント問題に対応する委員会について

学内でハラスメント問題が生じた場合、その対応・解決に当たる組織である委員会について、その有無や体制についての質問をし、回答を求めた。

委員会の有無については、97・４％の大学でハラスメントに関する委員会は設置されていた。また委員会の委員長は、半分以上の大学で

表2-3　回答大学の大学院生の人数

項目内容	校数	%
100人未満	168	53.7
100 ~ 999人	84	26.8
1,000 ~ 4,999人	35	11.2
5,000人以上	9	2.9
大学院の設置なし	11	3.5
未記入	6	1.9

［久ら（2018）「大学におけるハラスメント相談体制の現状」『学生相談研究』39, 118-129頁を一部改変］

執行部が担っているが、教職員が担当している大学も一定数認められた（図2-1）。

委員会の中に大学の構成員以外の外部委員がいるかどうかについては、78・0％の大学が「いない」と回答した。また、「いる」と回答した大学における外部委員の職種については、その多くは弁護士であった（図2-2）。ハラスメントの問題は組織文化の影響を受けやすい特徴があり（井口・吉武、2012）、学外、かつ法律的な見地からの意見を取り入れようとしている姿勢の表われと考えられる。

また、相談を担当する相談員がハラスメントに関する委員会のメンバーに入っているかについて、仁平（2004）は、両者を分けることの必要性を論じているが、本調査では分かれている大学と分かれていない大学はほぼ半々という結果であった（図2-3）。

委員会の開催頻度については不定期開催と回答する大学が69・0％と多かった（図2-4）。

3　ハラスメント対応のための制度について

ハラスメント対応のための学内に定められた制度として「調整」「通知」「調停」「調査・事実調査」を想定し、それぞれの制度の有無の運用についての質問を行い回答を求めた。

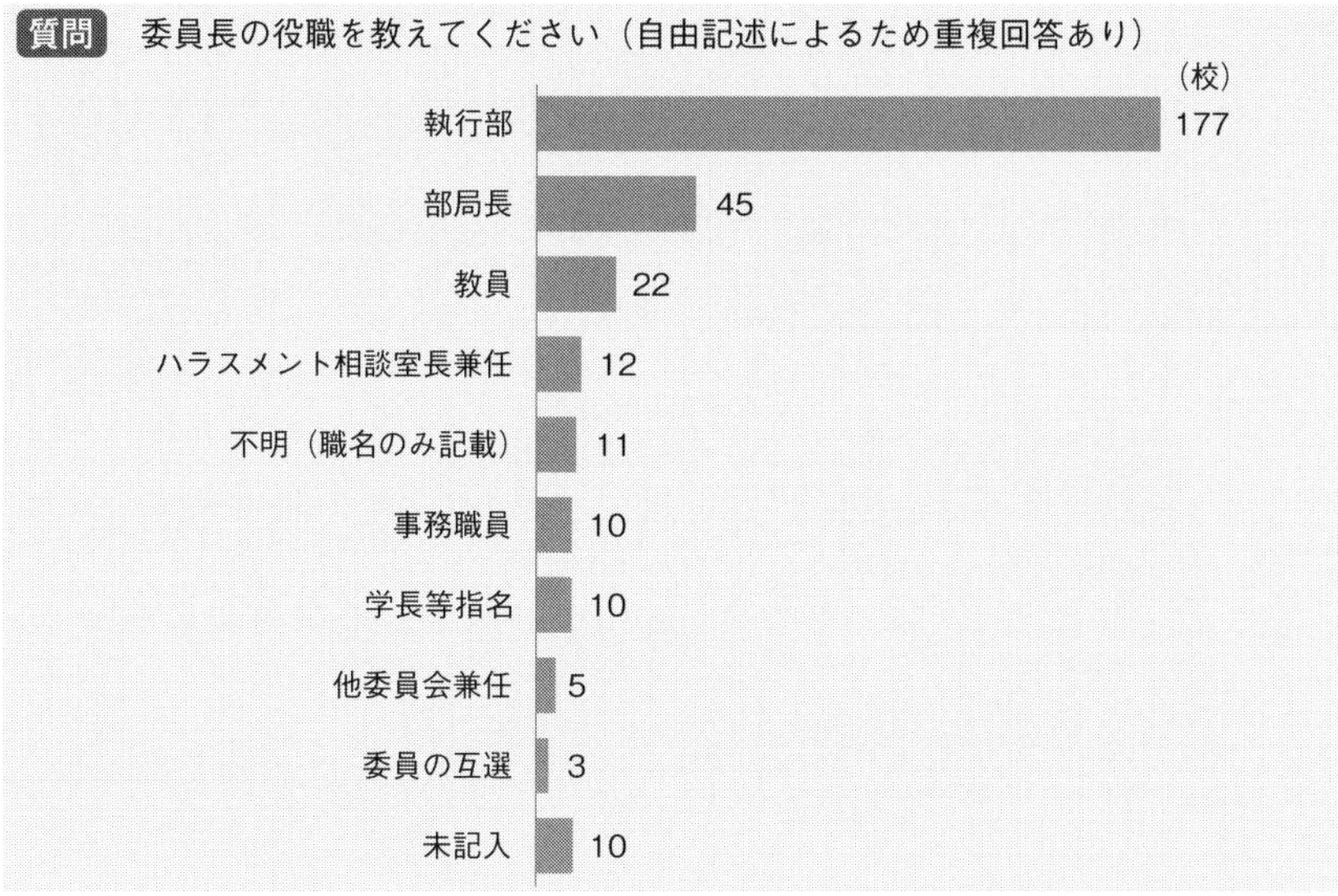

図２-１　委員会の委員長の役職

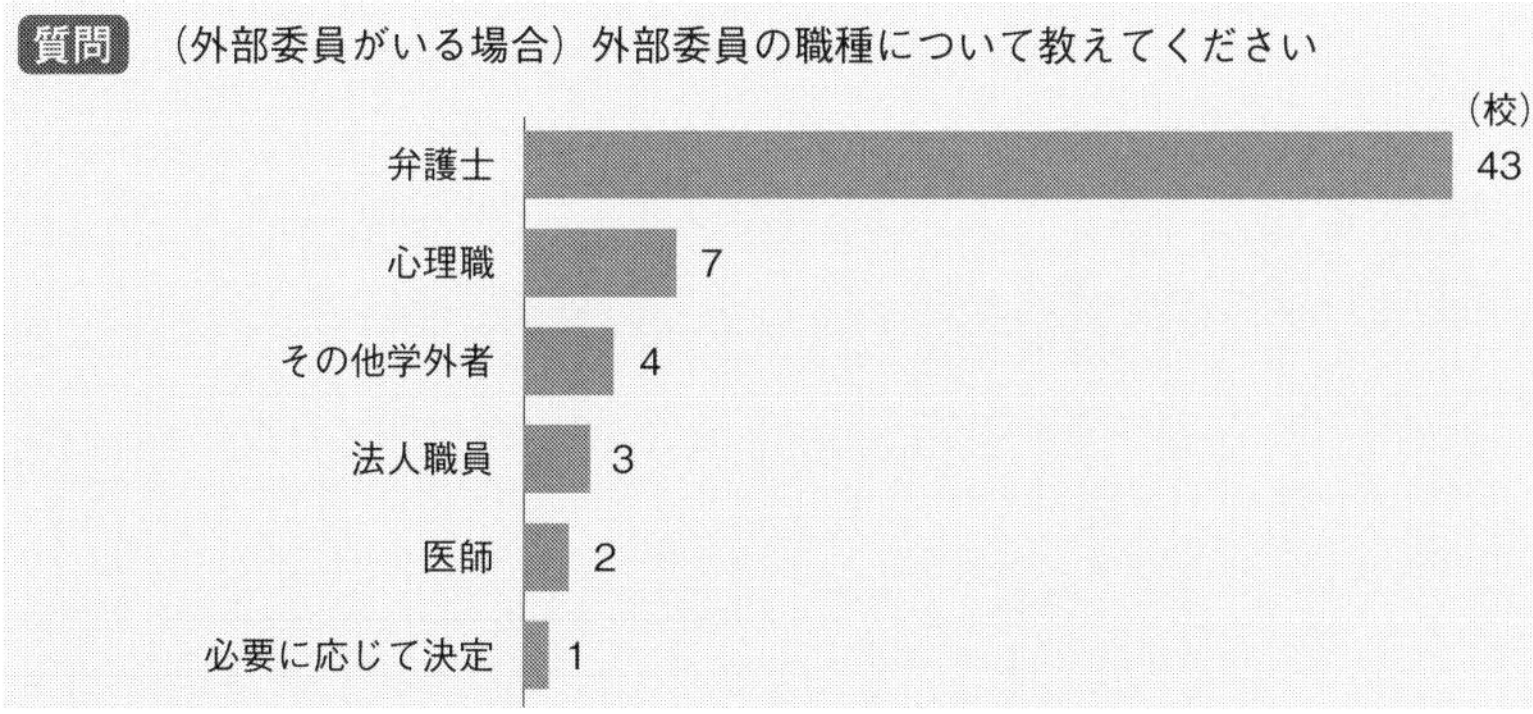

図２-２　外部委員の職種

図 2-1、図 2-2［葛ら（2019）「大学におけるハラスメント防止体制に関するアンケート調査」愛知学院大学『心理臨床研究』20, 19-29 頁を一部改変］

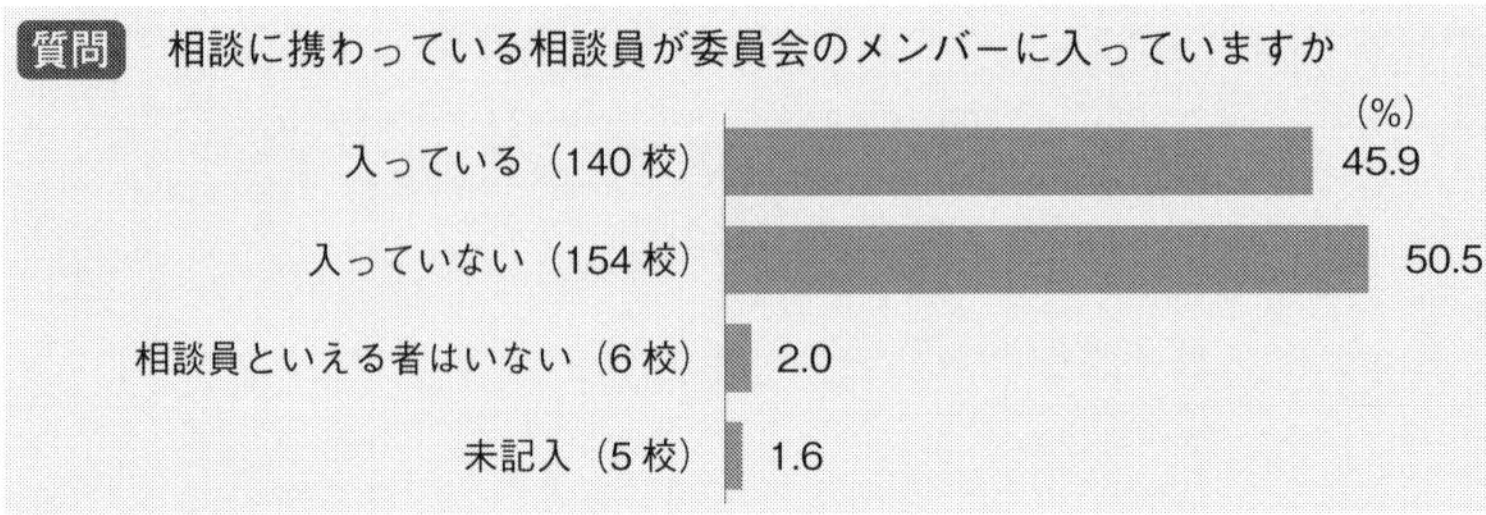

図 2-3　委員会メンバーに相談員が入っているか

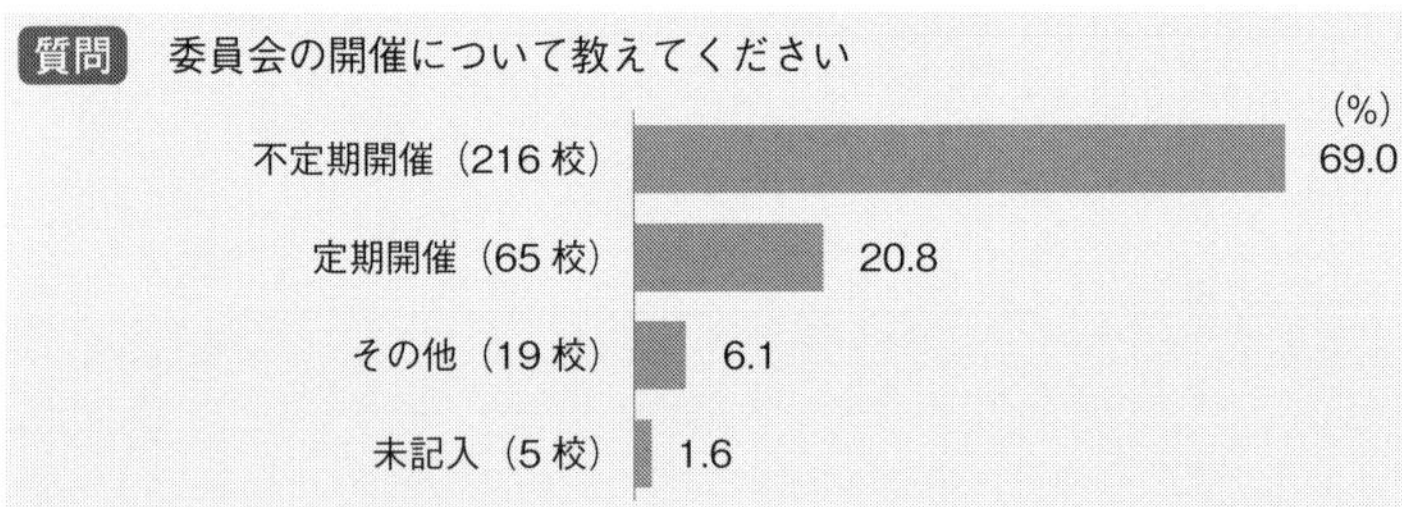

図 2-4　委員会の開催頻度

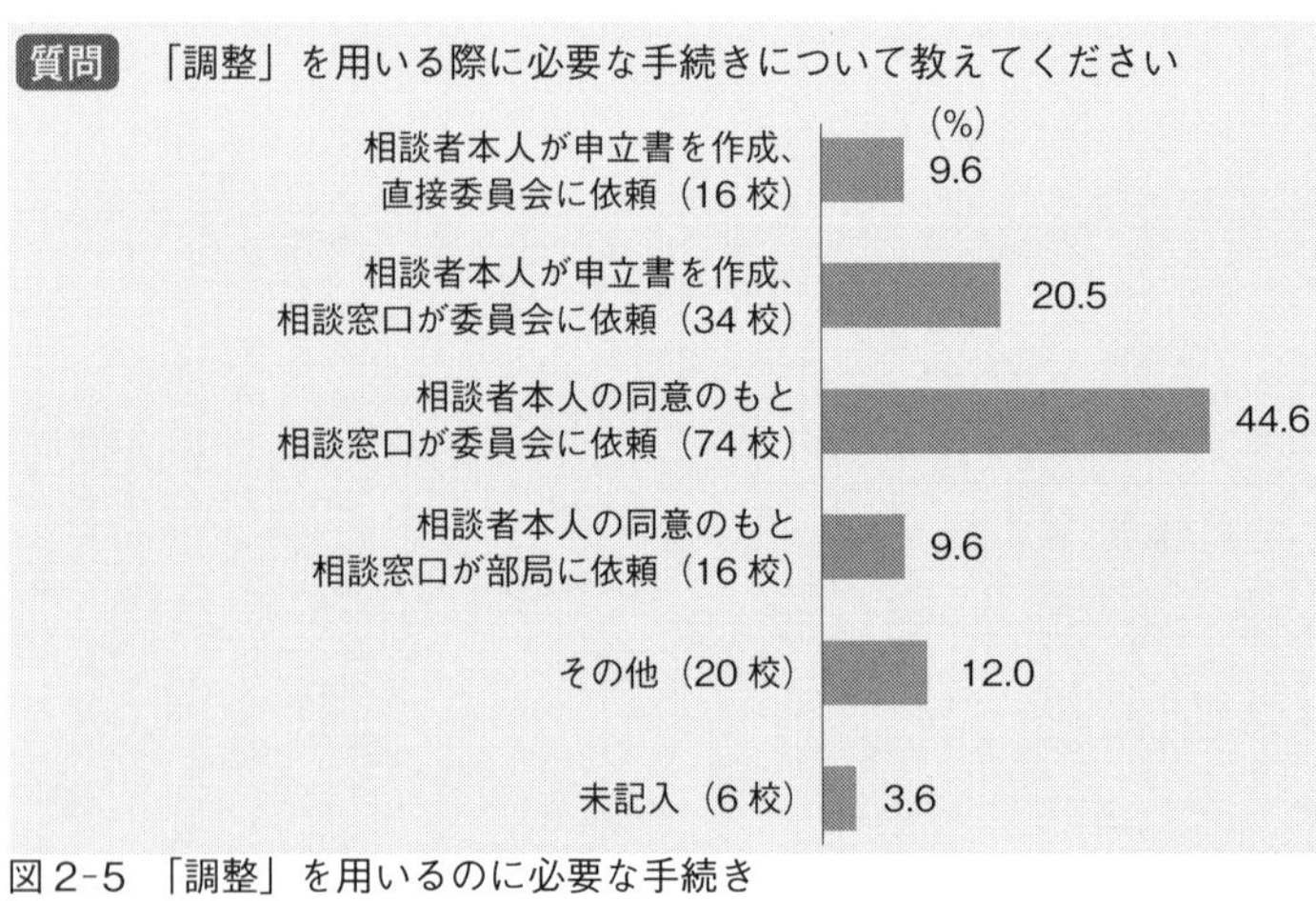

図 2-5　「調整」を用いるのに必要な手続き

図 2-3～図 2-5［葛ら（2019）「大学におけるハラスメント防止体制に関するアンケート調査」愛知学院大学『心理臨床研究』20, 19-29 頁］

（1）「調整」について

「調整」については「相談者の修学就労環境を整えるために、具体的な措置を提案・実施する手続き」と定義し、同様の手続きが定められているか、また、定められている場合は、どのように運用されているかについて質問を行った。

学内に、規程上「調整」という手続きが定められている大学は53・０％で半数程度であった。「調整」を用いる際に必要な手続きについては、「相談者本人の同意のもと相談窓口が委員会に依頼」する形式をとる大学が44・６％と最も多かった（図2-5）。また、「調整」の手続きについて、ハラスメントの認定は行わずに実施される大学が75・９％、ハラスメントの認定に伴って実施される大学が62・０％と、いずれも多かった。「調整」の機能には、前者のような、ハラスメントかどうかの認定はせずにスピーディーに対処するという側面と、後者のような認定に伴って実施される事後的な対応という二側面があることが示されたが、「調整」を実施していると回答した１６４大学中70大学（42・７％）は前者と後者のどちらも可能と回答していた。

（2）「通知」について

「通知」については、「相手方やその所属の長に対して、文書や口頭で注意喚起・警告など行う手続き」と定義し、同様の手続きが定められているか、また、定められている場合は、どのように運用されているかについて質問を行った。

学内に「通知」が規程上定められている大学は39・６％で、他の制度よりも少ない傾向が見受けられた。「通知」を用いる際に必要な手続きについては、「相談者本人の同意のもと相談窓口が委員会に依頼」する形式をとる大学が44・４％と最も多かった（図2-6）。また、「通知」を行う対象者については、「相手方のみ」

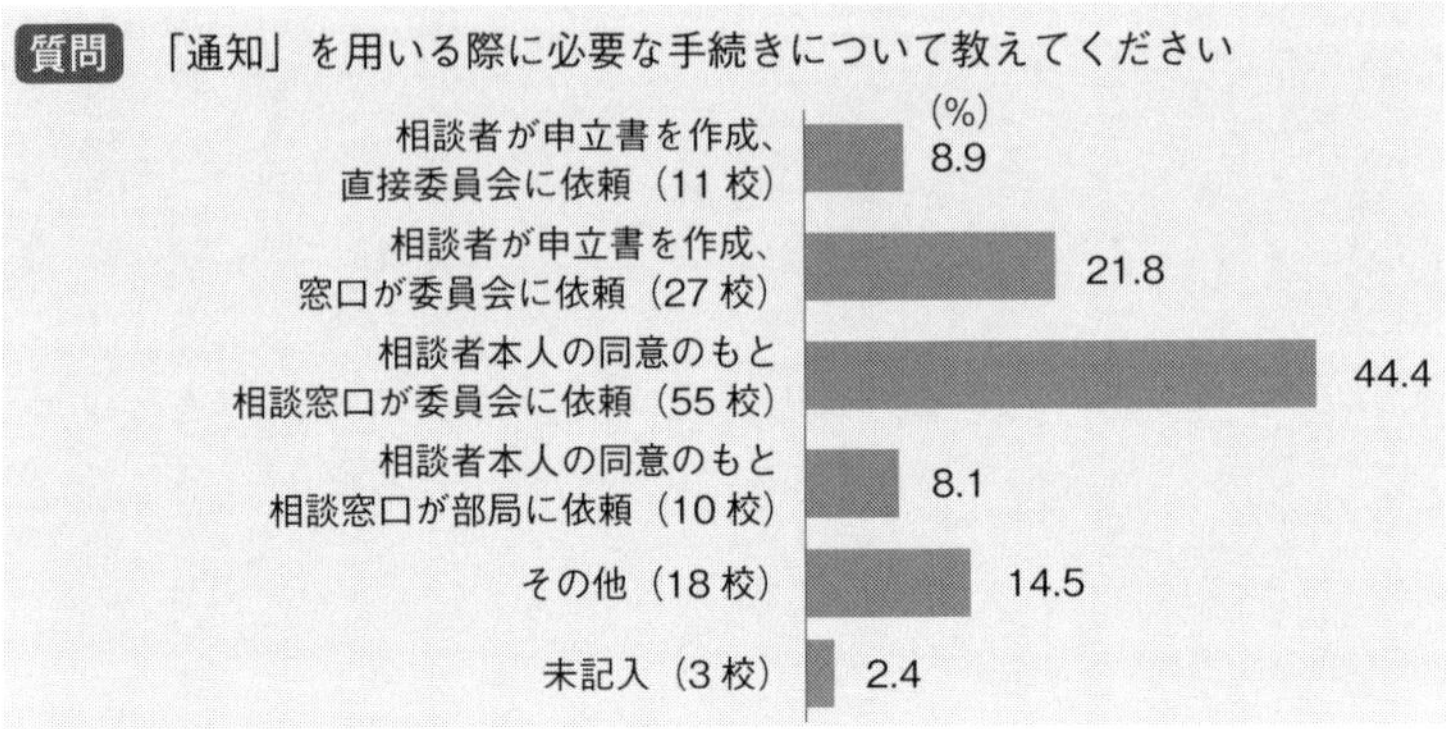

図 2-6　「通知」を用いるのに必要な手続き

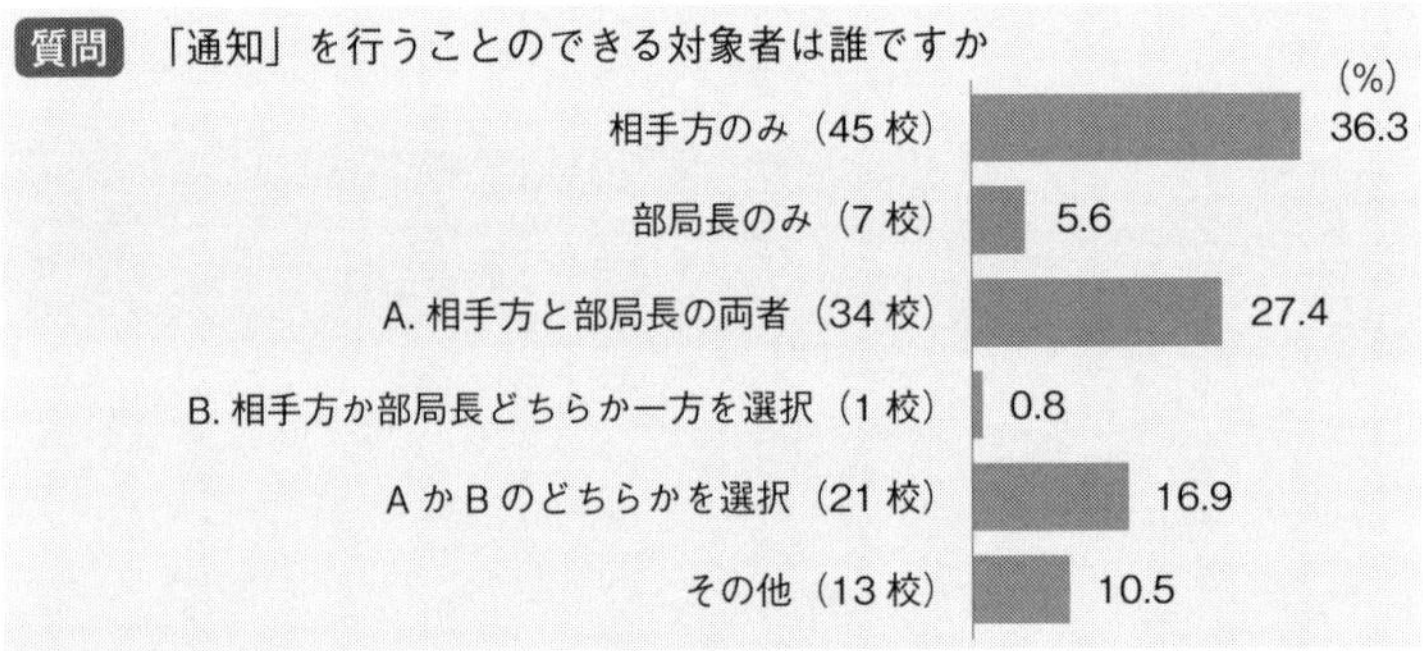

図 2-7　「通知」を行うことのできる対象者

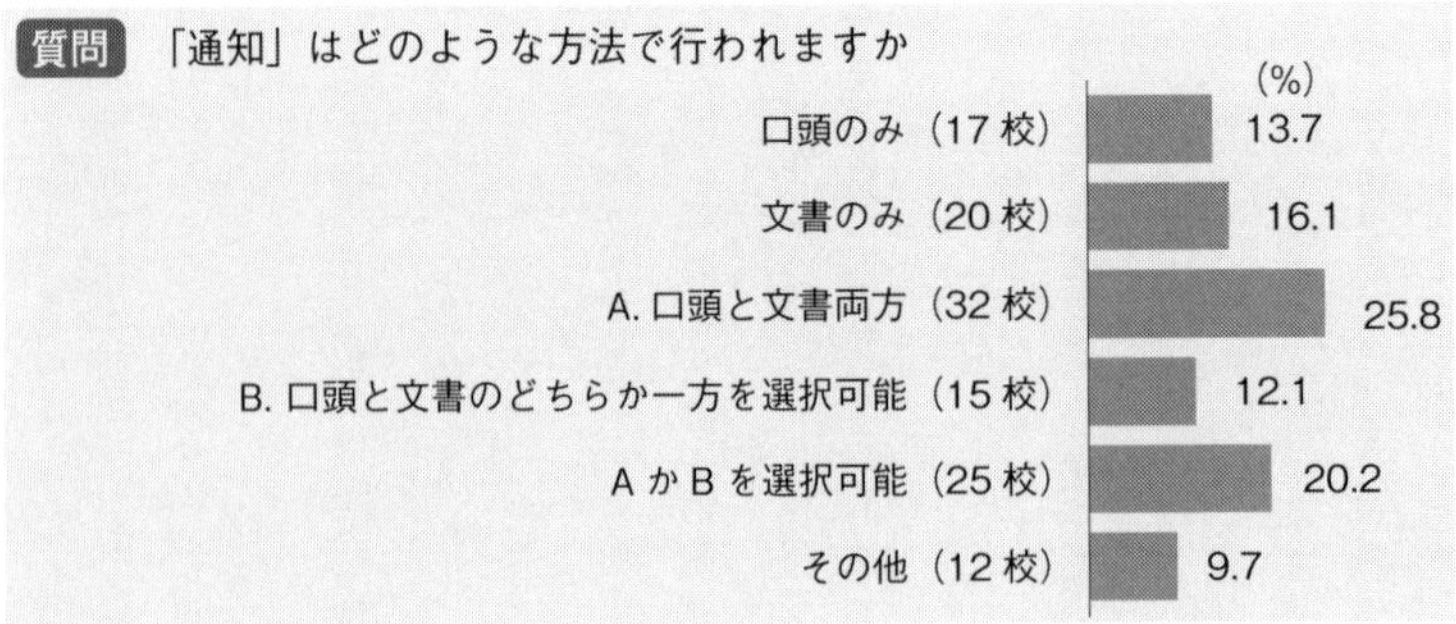

図 2-8　「通知」の方法

図 2-6〜図 2-8［葛ら（2019）「大学におけるハラスメント防止体制に関するアンケート調査」愛知学院大学『心理臨床研究』20, 19-29 頁］

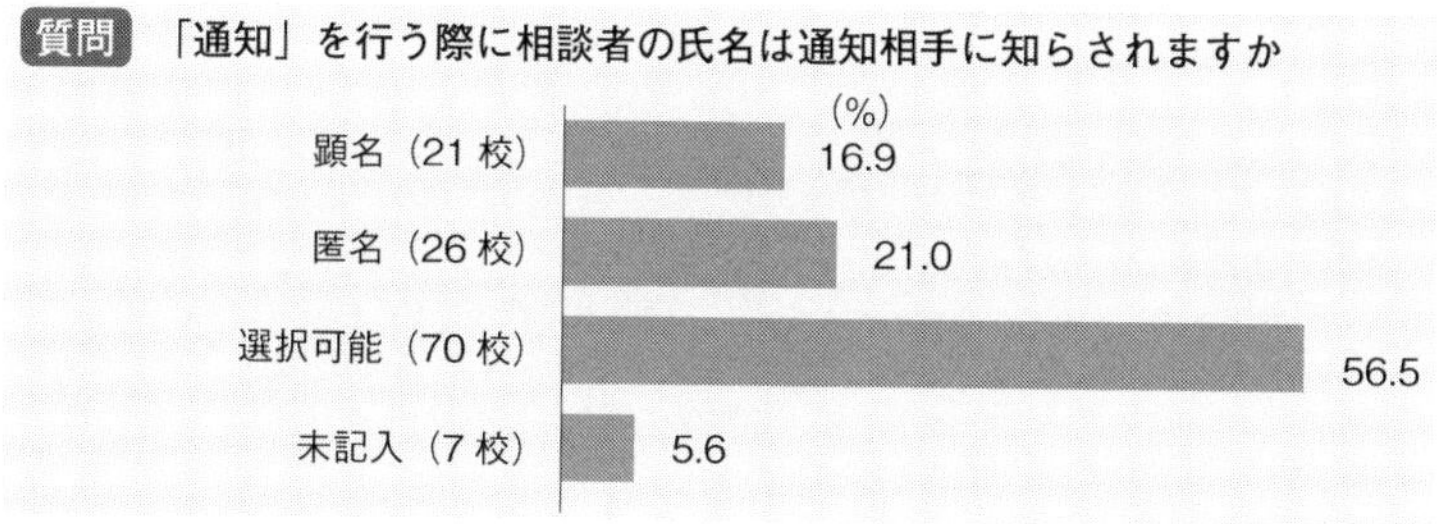

図2-9 「通知」を匿名・顕名どちらで行うか

［葛ら（2019）「大学におけるハラスメント防止体制に関するアンケート調査」愛知学院大学『心理臨床研究』20, 19-29 頁］

とする大学が36・3％と最も多く、次いで相手方と部局長の両者と回答した大学が27・4％であった（図2-7）。通知の方法については、口頭のみの通知や文書での通知、口頭と文書での通知、それぞれを選択可能等、ばらつきがみられた（図2-8）。また、通知を顕名と匿名どちらで行うかについては「選択可能」と回答する大学が56・5％と最も多く、次いで「匿名」と回答した大学が21・0％と多かった（図2-9）。通知を制度化している大学のうち、8割弱の大学が匿名による通知を可能としており、相談者を保護しようとする姿勢が表れているものと考えられる。

（3）「調停」について

「調停」については、「当事者双方から第三者が話を聞き、当事者双方の合意を図る手続き」と定義し、同様の手続きが定められているか、また、定められている場合は、どのように運用されているかについて質問を行った。

学内に「調停」が規程上定められている大学は48・2％で半数程度あった。「調停」を用いる際に必要な手続きについては、「相談者本人の同意のもと窓口が委員会に依頼」する形式をとる大学が43・0％と最も多かった（図2-10）。「調停」を実施する調停委員のメンバーについて尋ねたところ、ハラスメントに関する委員会のメンバーにより

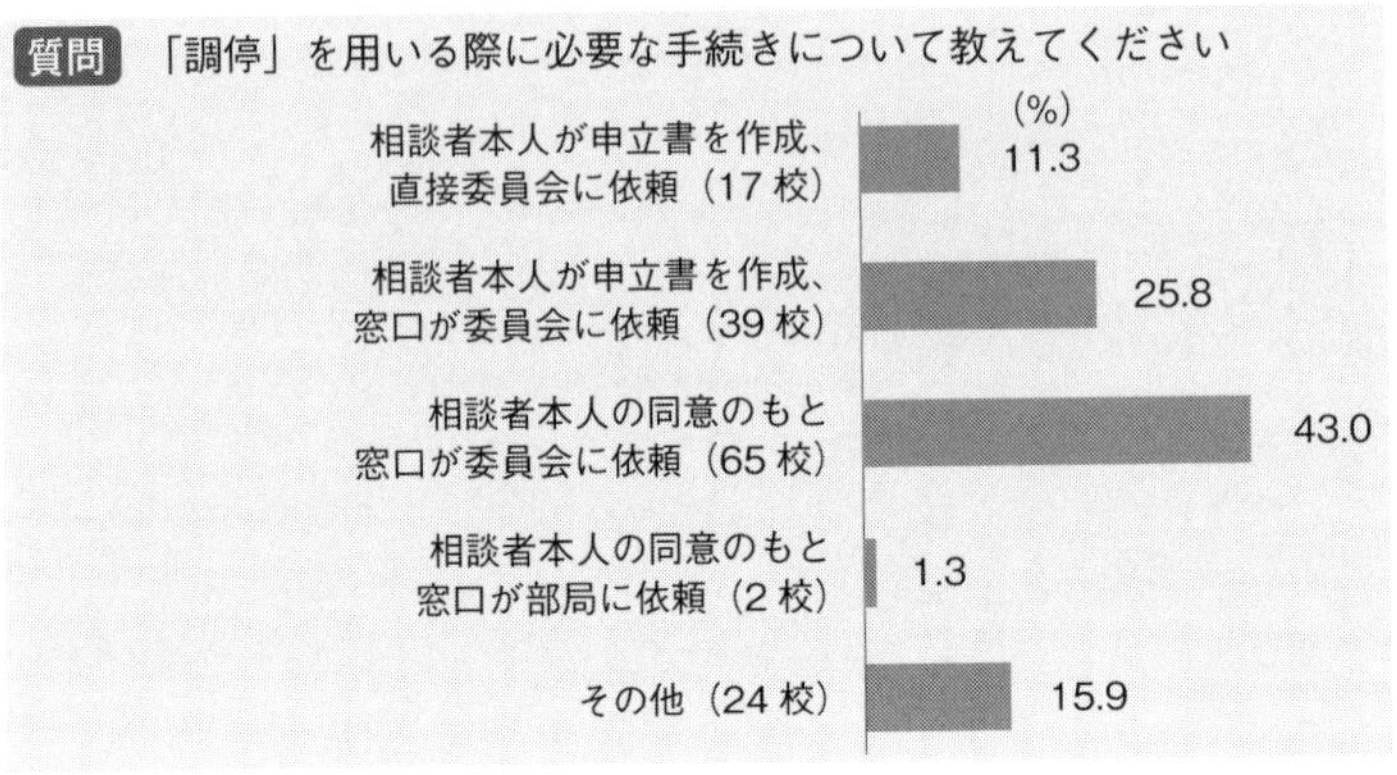

図2-10 「調停」を用いるのに必要な手続き

［葛ら（2019）「大学におけるハラスメント防止体制に関するアンケート調査」愛知学院大学『心理臨床研究』20, 19-29頁］

調停委員が選出される大学が最も多く（57・6％）、次いで委員会の審議により適任者を選出する大学が多かった（42・4％）（図2-11）。また、「調停」の結論がでるまでの所要時間については、1ヶ月以内で実施する大学が21・2％と最も多く（図2-12）、後に述べる「調査・事実調査」の期間と比べ、比較的短期間で対応することが見込まれる制度として運用されていることが考えられる。

（4）「調査・事実調査」について

「調査・事実調査」については、「ハラスメントの事実有無を調査し、ハラスメント認定を審議する手続き」と定義し、同様の手続きが定められているか、また、定められている場合は、どのように運用されているかについて質問を行った。

87・2％の大学で「調査・事実調査」は制度化されていた。制度の利用方法としては、「相談者本人の同意のもと窓口が委員会に依頼」する形式を取る大学が44・7％と最も多かった（図2-13）。今回質問した四つの制度のいずれも「相談者本人の同意のもと、窓口が委員会に依頼」する形式を取る大学が多く、制度の利用にあたって、相談者の

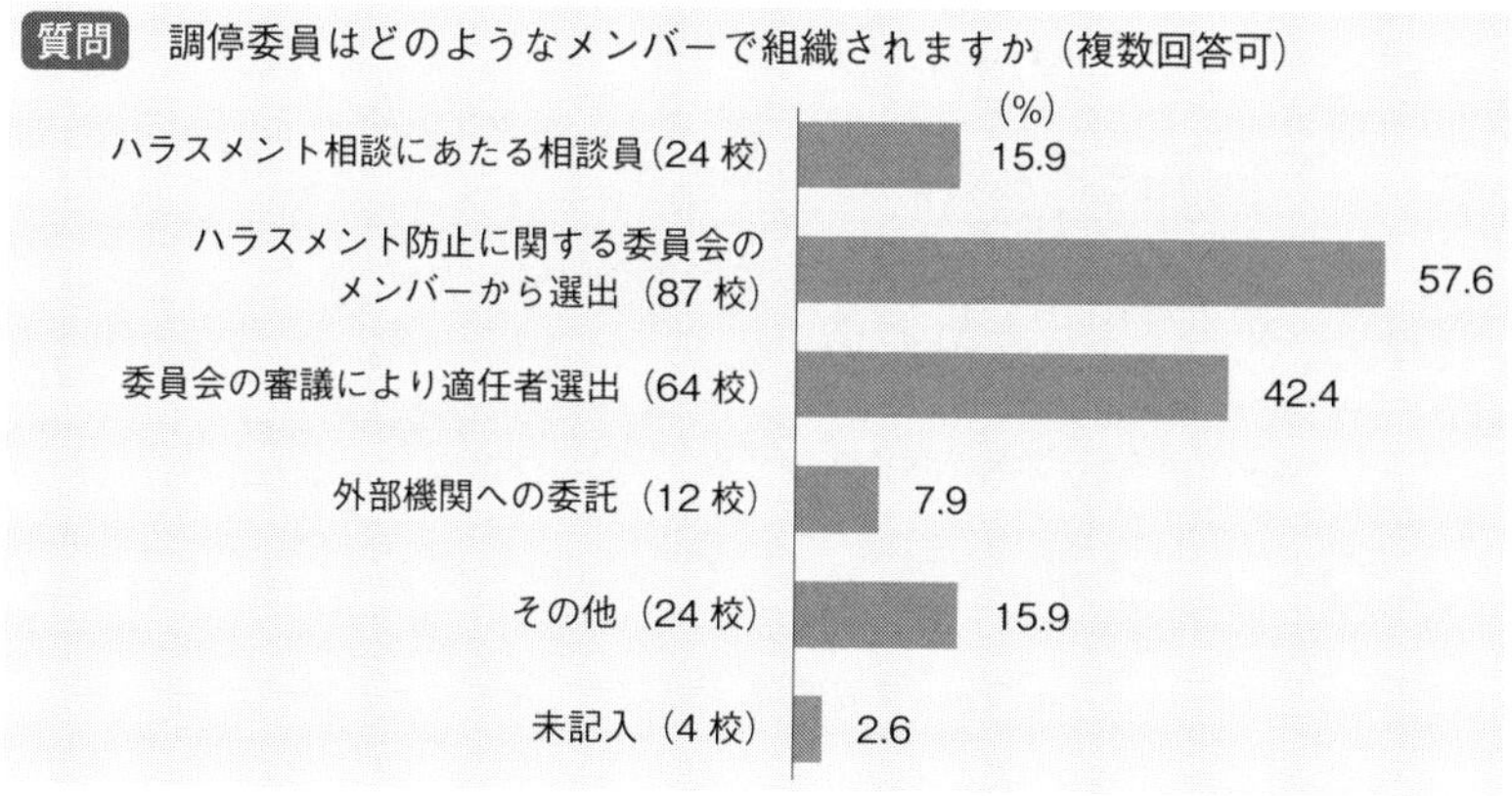

図 2-11　「調停」委員を組織するメンバー

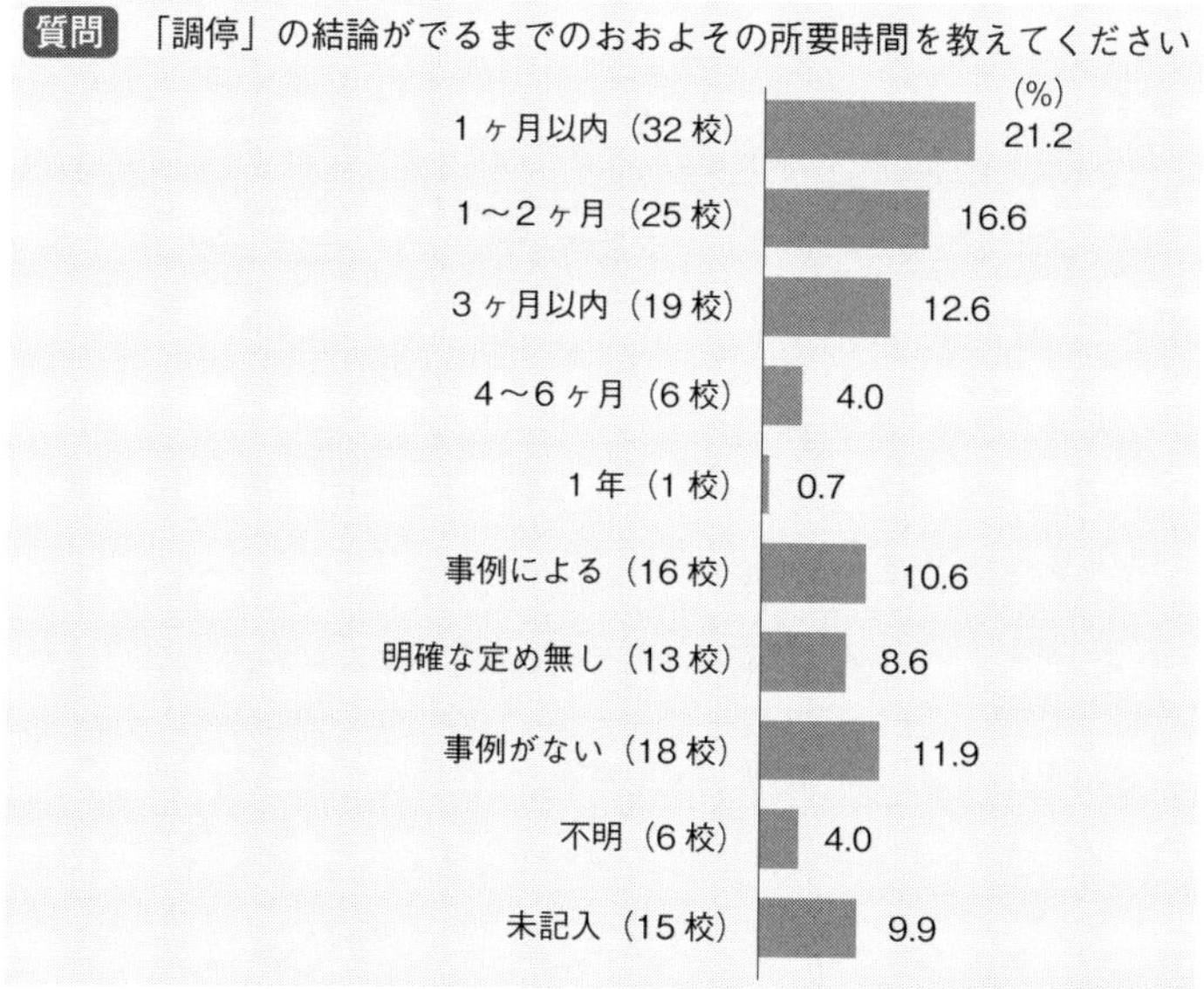

図 2-12　「調停」の所要時間

図 2-11、図 2-12［葛ら（2019）「大学におけるハラスメント防止体制に関するアンケート調査」愛知学院大学『心理臨床研究』20, 19-29 頁］

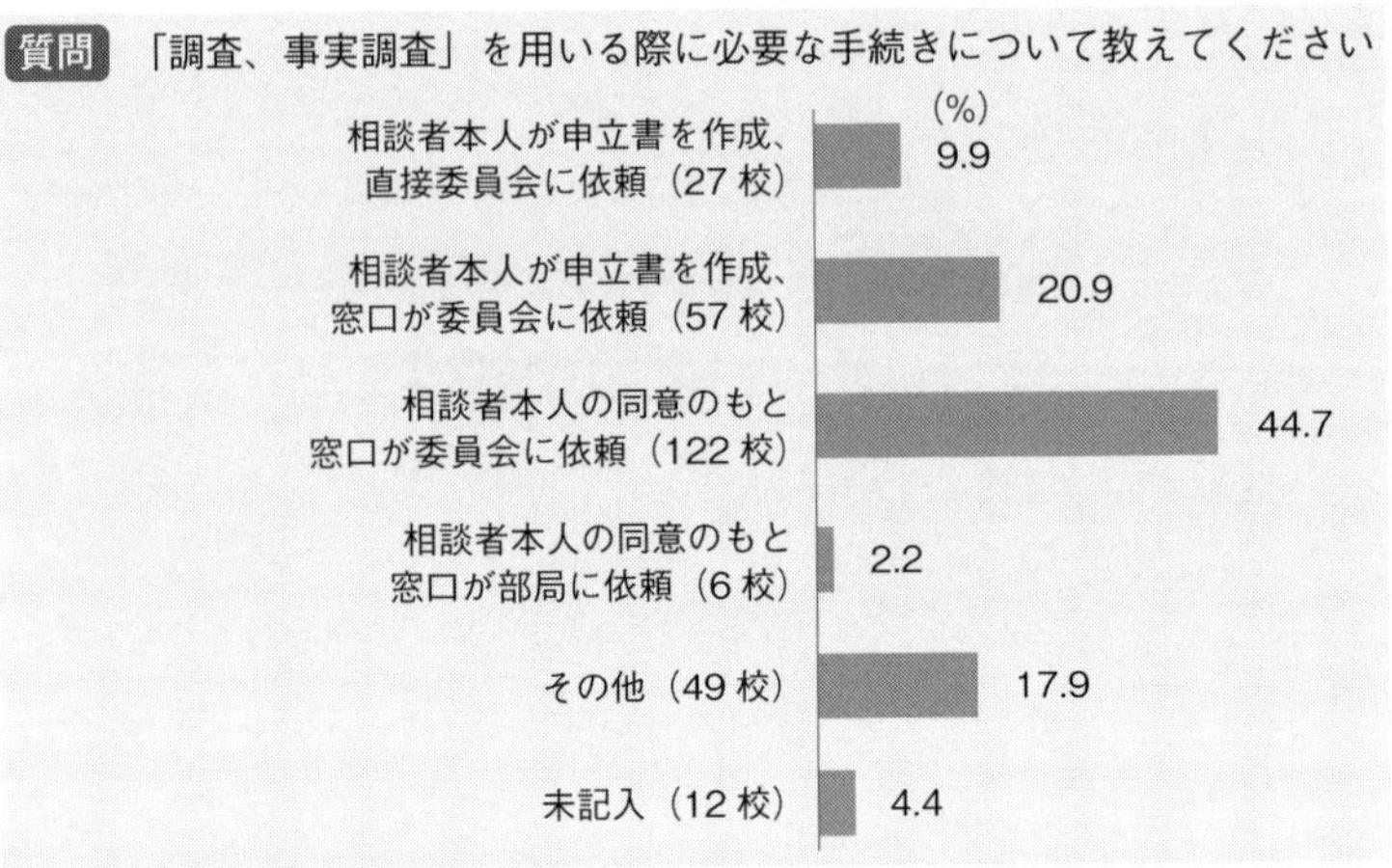

図 2-13 「調査・事実調査」を用いるのに必要な手続き

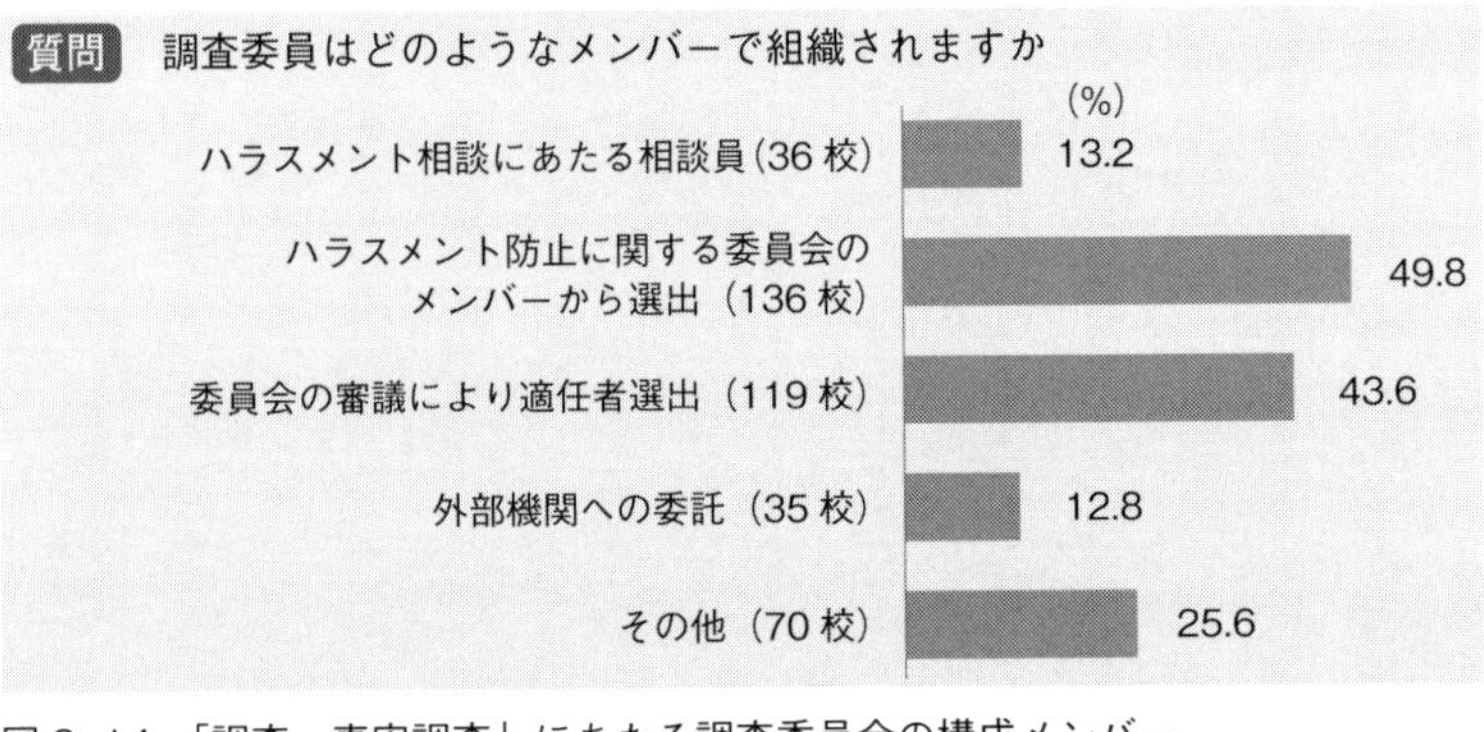

図 2-14 「調査・事実調査」にあたる調査委員会の構成メンバー

図 2-13、図 2-14［葛ら（2019）「大学におけるハラスメント防止体制に関するアンケート調査」愛知学院大学『心理臨床研究』20, 19-29 頁］

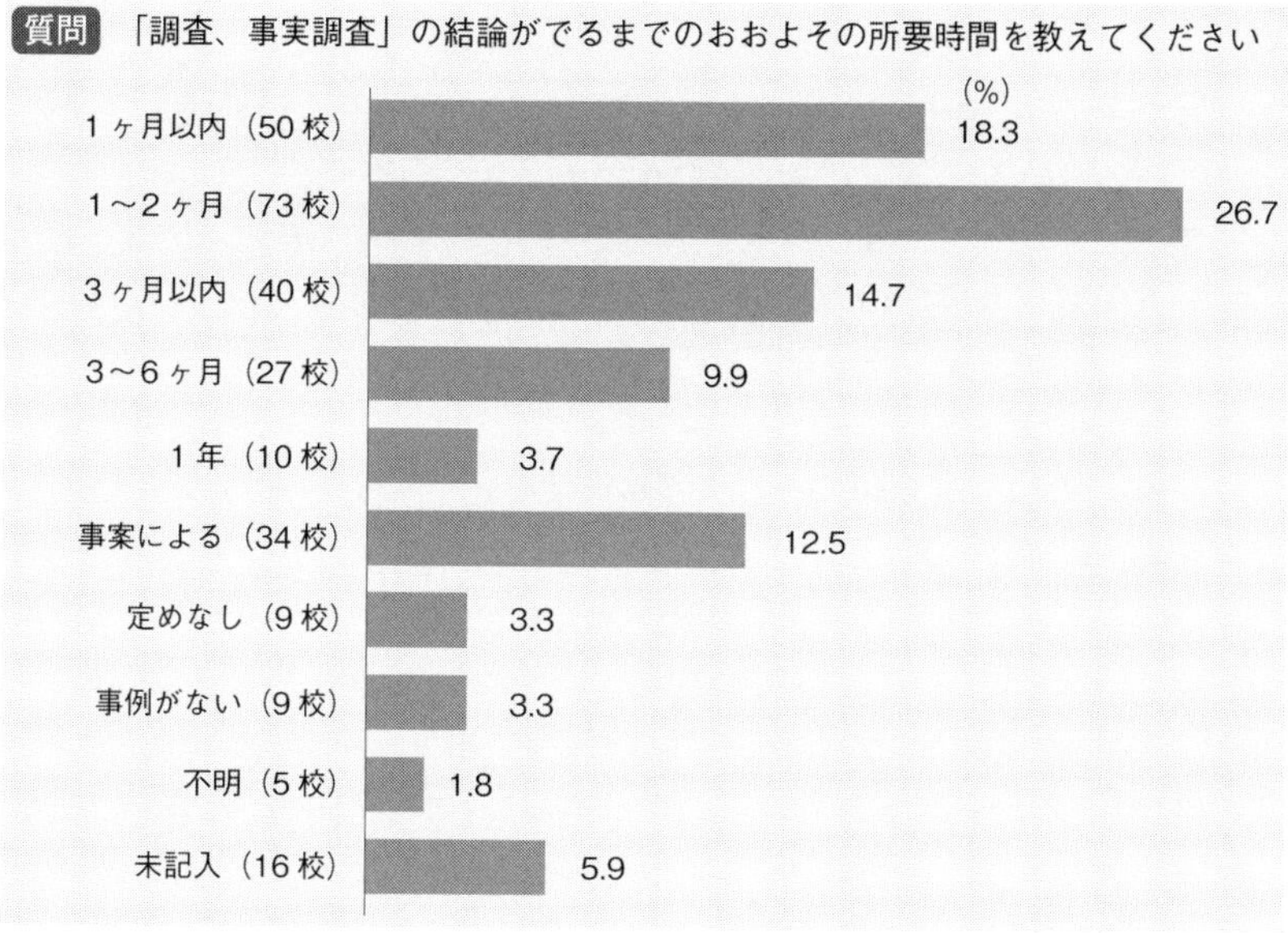

図2-15　「調査・事実調査」の所要時間

［葛ら（2019）「大学におけるハラスメント防止体制に関するアンケート調査」愛知学院大学『心理臨床研究』20, 19-29頁］

負担を軽減するような体制が取られていることが示唆される。調査委員会のメンバーについては、「ハラスメント防止に関する委員会のメンバーから選出」と回答した大学が49・8％と最も多く、次いで「委員会の審議により適任者選出」が43・6％であった（図2-14）。「調査・事実調査」の結論がでるまでに要する期間に関しては、6ヶ月以内と回答している大学を合わせると69・6％であった。「事案による」と回答した大学も比較的多かった（図2-15）。また調査の結果に関して、不服申立を実施できるかということに関しては、申立人が不服申立を行うことが可能と回答した大学は50・5％、被申立人が不服申立を行うことが可能と回答した大学は45・4％であった（重複あり）。

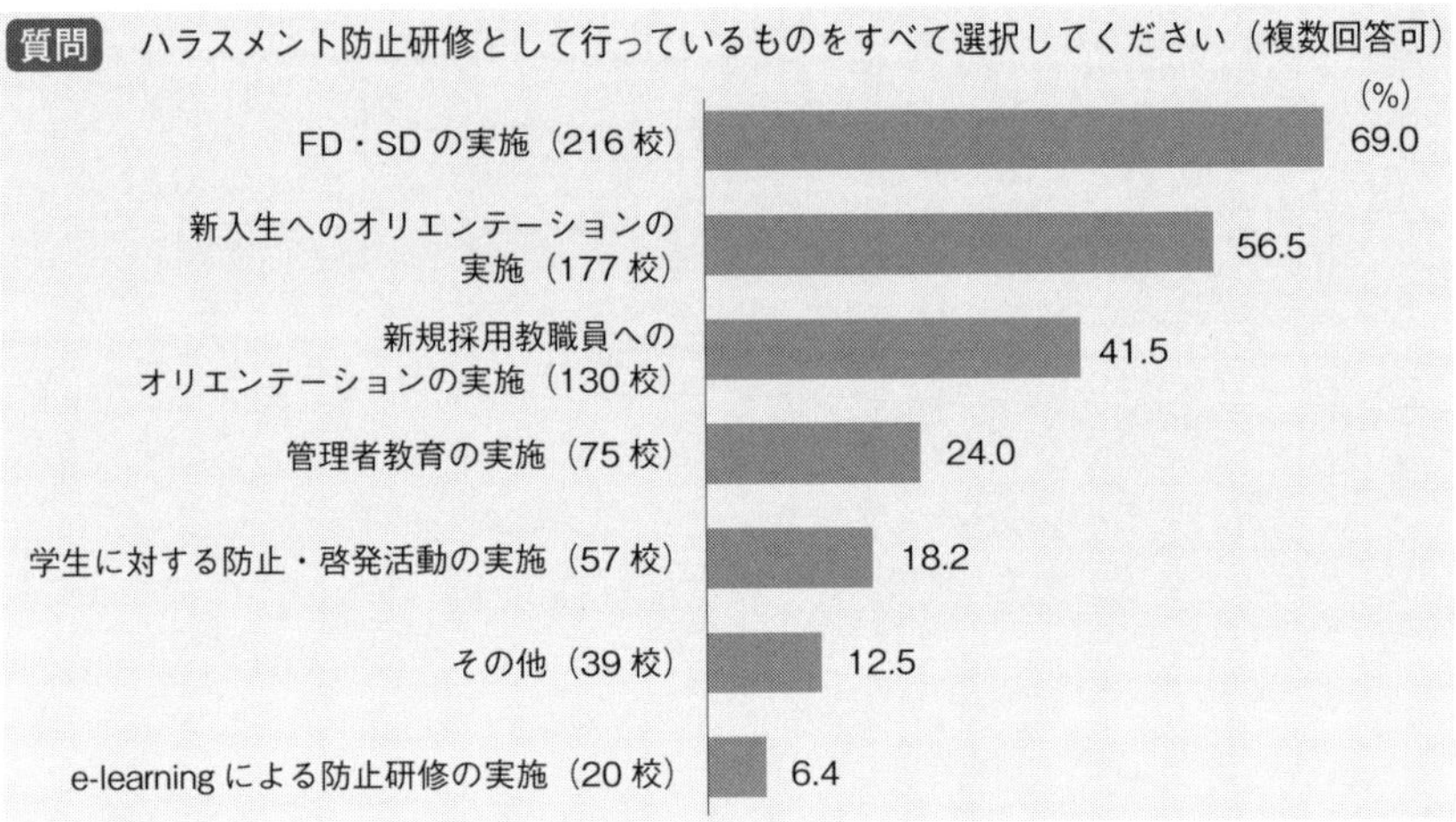

図2-16　ハラスメント防止・啓発のために実施している取り組み

［葛ら（2019）「大学におけるハラスメント防止体制に関するアンケート調査」愛知学院大学『心理臨床研究』20, 19-29頁］

4　ハラスメント防止・啓発のための取り組みについて

ここまでは大学のハラスメント防止・対応システムについて、主に組織的側面に関する調査結果を示したが、ここからは、各大学の行っているハラスメント防止・啓発のための具体的な取り組みについて尋ねたものをまとめた結果を示す。

まず、ハラスメント防止研修として行っているものについて回答を求めたところ、「FD・SD*の実施」と選択した大学は69・0％と最も多く、次いで「新入生へのオリエンテーションの実施」が56・5％と多かった（図2-16）。多くの大学が教職員や新入生に向けて研修等で広くハラスメントについて周知していることがうかがわれる。

また、ハラスメント防止・啓発のために広報活動として行っていることを尋ねたところ、パンフレット・リーフレットの配布が78・0％と多かった（図2-17）。

ハラスメントに関する学内アンケートの実施に

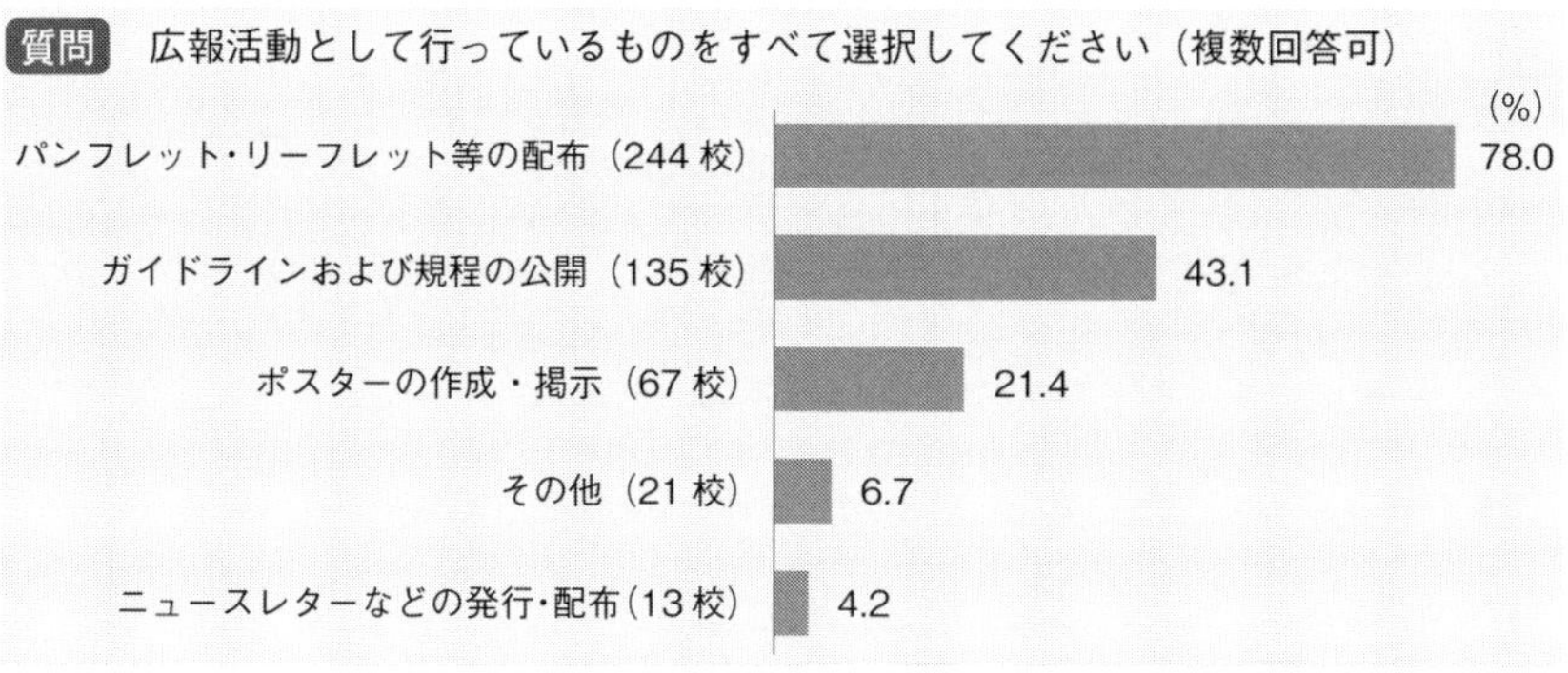

図2-17　ハラスメント防止・啓発のための広報手段

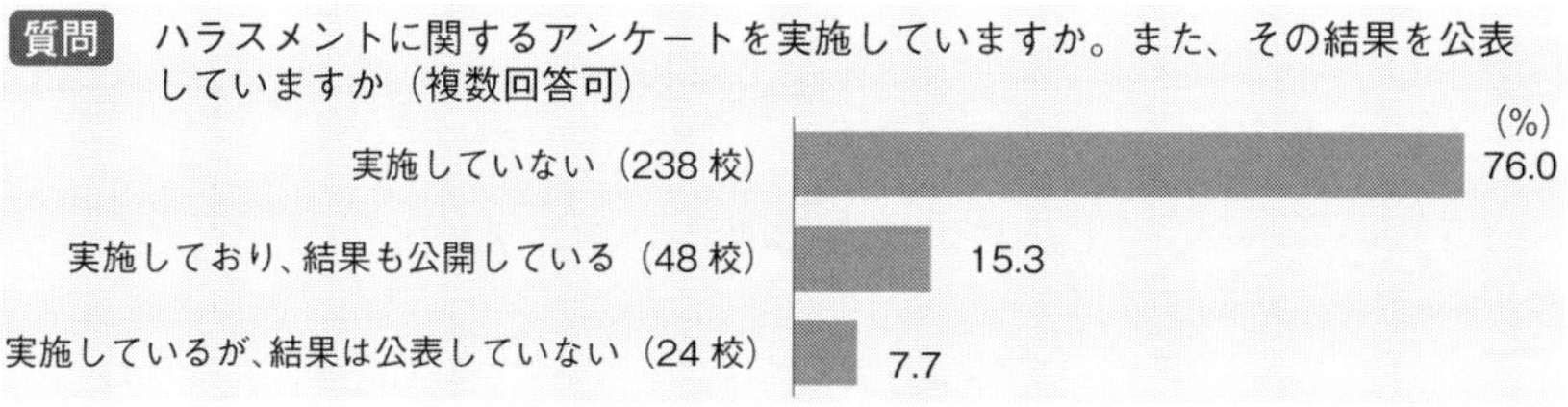

図2-18　ハラスメント防止・啓発のための広報手段

図2-17、図2-18［葛ら（2019）「大学におけるハラスメント防止体制に関するアンケート調査」愛知学院大学『心理臨床研究』20, 19-29頁］

ついては、実施している大学が23・0%、実施していないと回答した大学が76・0%と多かった（図2-18）。学内アンケートについては、まだ未実施の大学が多いと思われるが、実施の意義や具体的な方法については第4章第2節で紹介しているため、参考にされたい。

また、自身の大学の取り組みについて、自由記述で回答を求めた。自由記述の回答は、KJ法（川喜田、1967）のグループ編成を援用した方法により整理し、表2-4のようにまとめた。研修の対象者は学生、教員、職員それぞれに実施され

＊FDはFaculty Development、SDは、Staff Developmentの略語で、教職員の教育、専門的技能を向上させるための研修を指す。

表2-4　防止・啓発のための取り組みについて（自由記述）

大カテゴリー	中カテゴリー	小カテゴリー
研修の実施	研修の実施	▶ハラスメントに関する研修の実施
	構成員に対する研修の実施	▶学生・教職員（全学）への研修の実施 ▶教員への研修の実施　▶職員への研修の実施 ▶教職員への研修の実施　▶学生への研修の実施 ▶学生サークルへの研修の実施
	役割・職制に応じた研修の実施	▶管理者向け・階層別研修の実施 ▶相談員向け研修の実施 ▶ハラスメントに関する委員会への研修の実施
	研修方法の工夫	▶映像（DVD等）による研修の実施 ▶e-learningによる研修の実施 ▶外部講師を招いての研修会・セミナーの実施 ▶外部研修への参加　▶部局ごとの研修の実施 ▶学生へのオリエンテーションでの研修の実施 ▶教職員へのオリエンテーションでの研修の実施 ▶一般向け研修会の開催
防止体制の整備	委員会の設置	▶委員会の設置
	規程・規則等の整備	▶防止規程の整備・見直し ▶ガイドラインの作成・周知・見直し ▶相談員向け対応マニュアルの作成
	予防・啓発のための取組	▶アンケート調査・質問紙調査の実施 ▶チェックリスト・チェックシートの作成 ▶予防・啓発のためのイベントの実施 ▶投書箱・相談箱の設置
	相談窓口の整備	▶相談室・相談窓口の開設、設置 ▶相談窓口の周知 ▶相談窓口と学内他機関との協働・連携
広報活動	広報手段の工夫	▶ハラスメントに関する資料、冊子の作成・配布 ▶リーフレットの作成・配布　▶パンフレットの作成・配布 ▶ポスターの作成・配布　▶カードの作成・配布 ▶ニュースレター、広報誌での情報発信 ▶ホームページ、メディアでの情報発信 ▶メールでの情報発信 ▶学生向けガイドブック、学生便覧、学生手帳にハラスメントについて掲載
その他	その他	▶部局別防止計画の策定　▶事例検討会の実施 ▶巡回相談の実施　▶エスコートサービスの実施 ▶模擬事例の作成と配布　▶懲戒処分標準例の職員への周知 ▶キャラクターの募集　▶バッジの配布

［葛ら（2019）「大学におけるハラスメント防止体制に関するアンケート調査」愛知学院大学『心理臨床研究』20, 19-29頁］

ており、加えて、特に教職員に対しては職制や役割などの視点により、さまざまな機会を得て研修が実施されていることが明らかになった。その他の予防・啓発の取り組みとしては、パンフレットやリーフレットを作成し配布している他、メールでの情報発信や、学生向けのガイドブックや手帳にハラスメントについて記載している大学などが見受けられた。その他、特色のある取り組みとして、キャラクターの募集や巡回相談の実施、模擬事例の作成と配布などの活動を実施している大学も見受けられた。

第2節　大学のハラスメント相談体制に関する実態調査

本節では、各大学がどのような方法で相談を受けているのかについて、各大学の状況を調査した結果を示す。なお、本調査は第1節で示したアンケート調査の一部として行われたものであるため、調査対象の情報等は、第1節の冒頭で示したものと同一である。

Ⅰ　相談窓口（相談体制）について

それぞれの大学においてどのような相談窓口を設置し、どのような相談体制を整備しているかについて質問をし、回答を求めた。

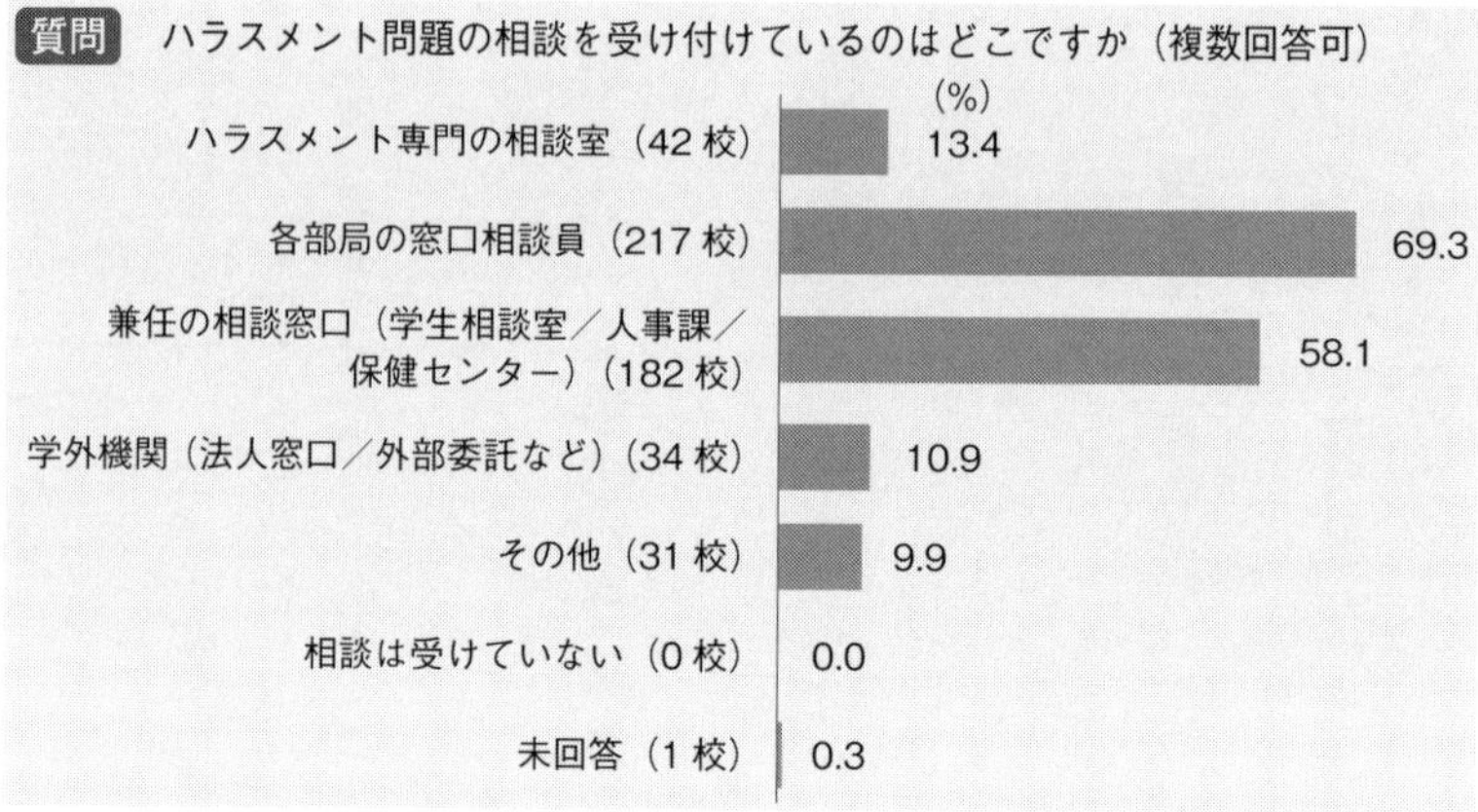

図 2-19　ハラスメント相談を受け付けている窓口

［久ら（2018）「大学におけるハラスメント相談体制の現状」『学生相談研究』39, 118-129 頁］

（1）ハラスメント相談窓口の設置状況と相談員の業務について

多くの大学では専門ではない相談窓口がハラスメント相談窓口を兼任しており、「各部局の窓口相談員」（69・3％）と、「兼任の相談窓口（学生相談室／人事課／保健センター）」（58・1％）がハラスメント相談窓口を兼任していると回答した大学が多かった。ハラスメント相談を専門に受け付ける相談室（以下、ハラスメント専門相談室）を設置している大学は13・4％、学外機関に窓口を設置している大学は10・9％であった（図2-19）。さらに、ハラスメント専門相談室を設置している大学でも、ハラスメント相談を専任する相談員（以下、ハラスメント専任相談員）がいない大学は10校見受けられた。兼任相談窓口としては、「事務局」「教職員」「保健室」「学生相談室」などがあり、兼任している部署の相談員としては、教職員の他「カウンセラー」「医師」「保健師」「臨床心理士」などの職名が挙げられていた。

この結果に関して、他の要因との関連を見ると、学部生の数が比較的少ない（「1000人未満」「1000〜1999人」）大学よりも、比較的多い（「2000〜

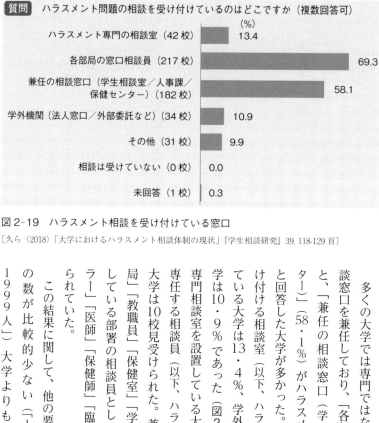

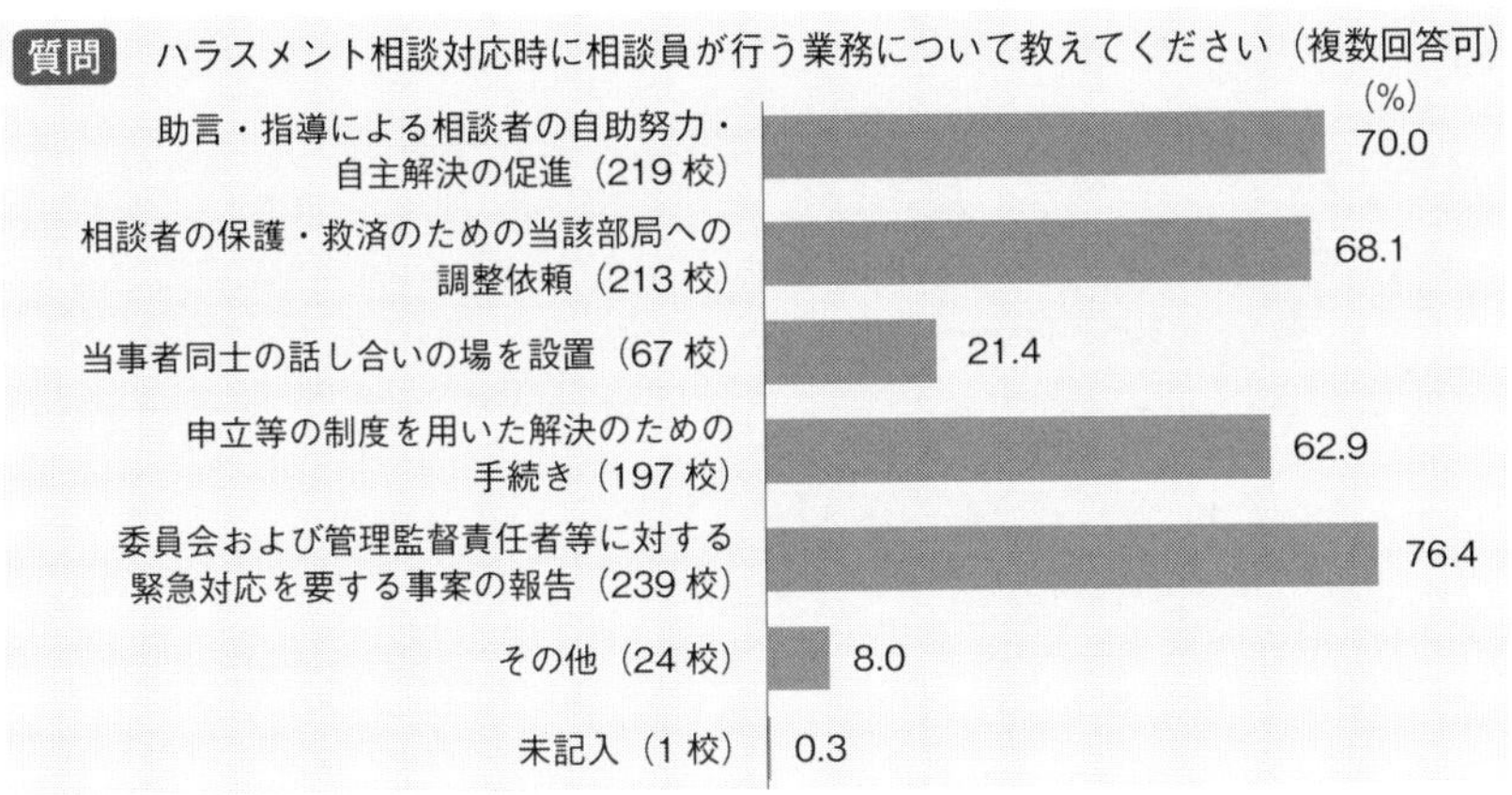

図 2-20　ハラスメント相談時に相談員が行う業務について

［久ら（2018）「大学におけるハラスメント相談体制の現状」『学生相談研究』39, 118-129 頁］

4999人」「5000～9999人」「10000人以上」大学のほうが、ハラスメント専門相談室の設置が多い傾向にあった。マンパワーや費用対効果の面からも小規模の大学でハラスメント専門相談室を設置することが難しいため、兼任の相談窓口が設置されているものと考えられる。ただし、兼任の相談窓口に関しては相談員の負担が増加するなどの問題もある。

また、相談員の業務については、「助言・指導による相談者の自助努力・自主解決の促進」「相談者の保護・救済のための当該部局への調整依頼」「申立制度を用いた解決のための手続き」「委員会および管理監督責任者等に対する緊急対応を要する事案の報告」が多く、多岐にわたっていた（図２-20）。

(2) ハラスメント専門相談室の体制について

ハラスメント専門相談室において、責任者にどのような職種を置いているかについて尋ねたところ、50・0％が教員を置いていると回答した（図２-21）。また、ハラスメント専門相談室においてハラスメント専任相談員に求められる資格として「その他」と回答した大学が54・8％で最も

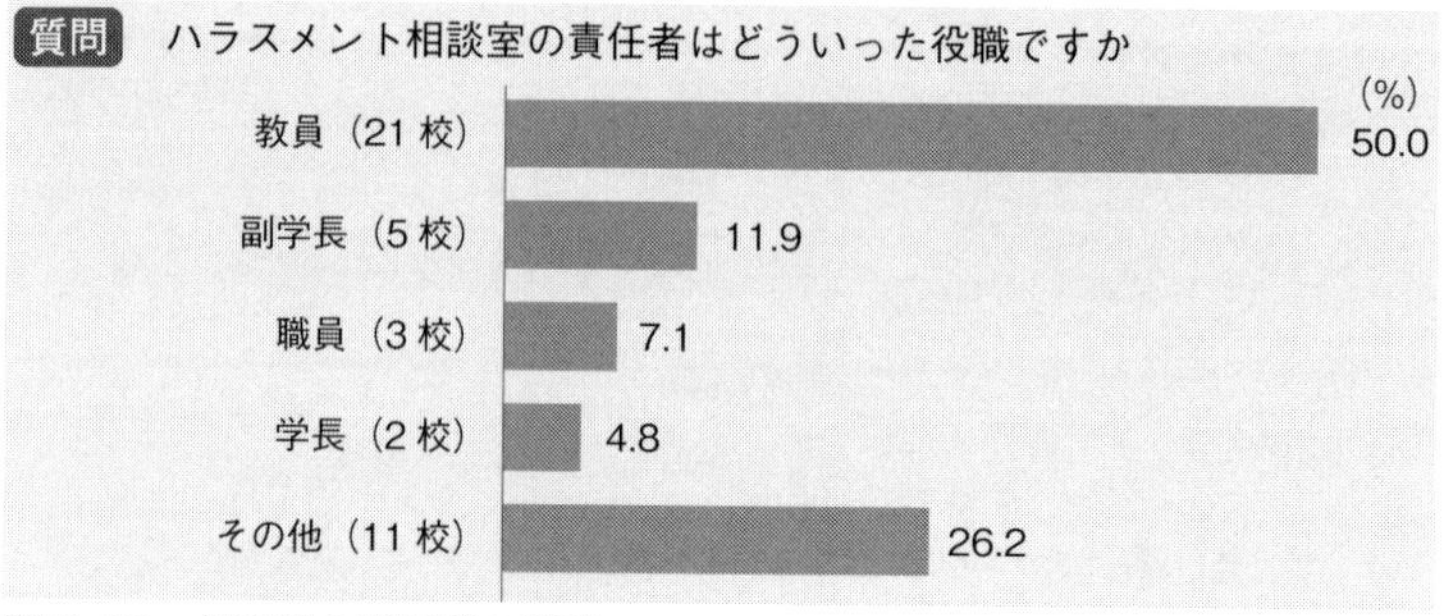

図 2-21　相談室の責任者の役職

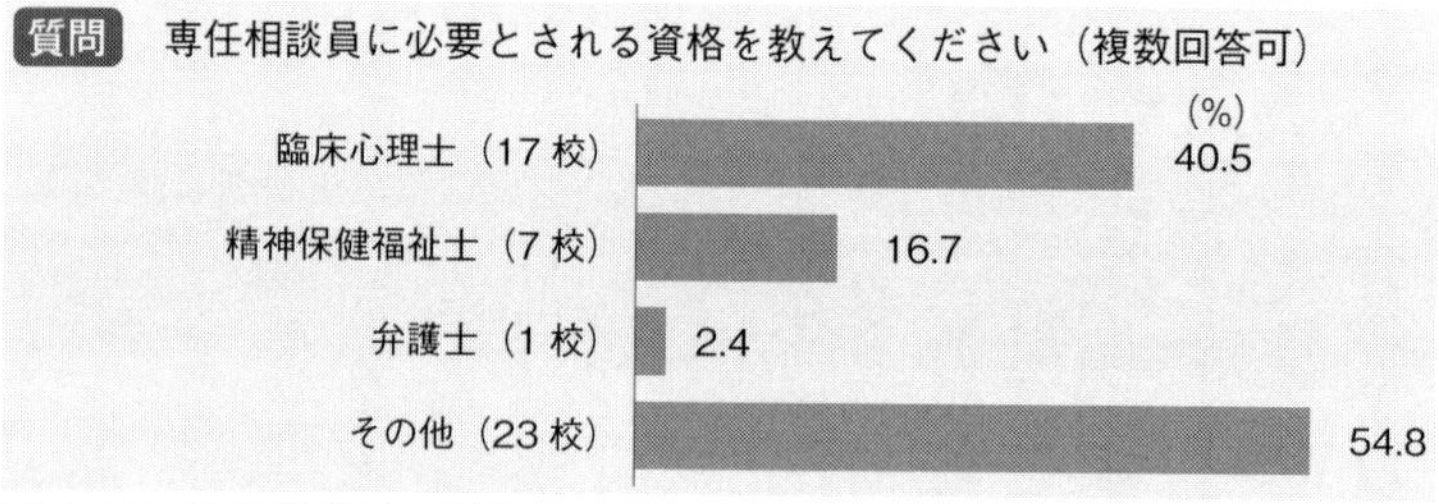

図 2-22　専任相談員の資格

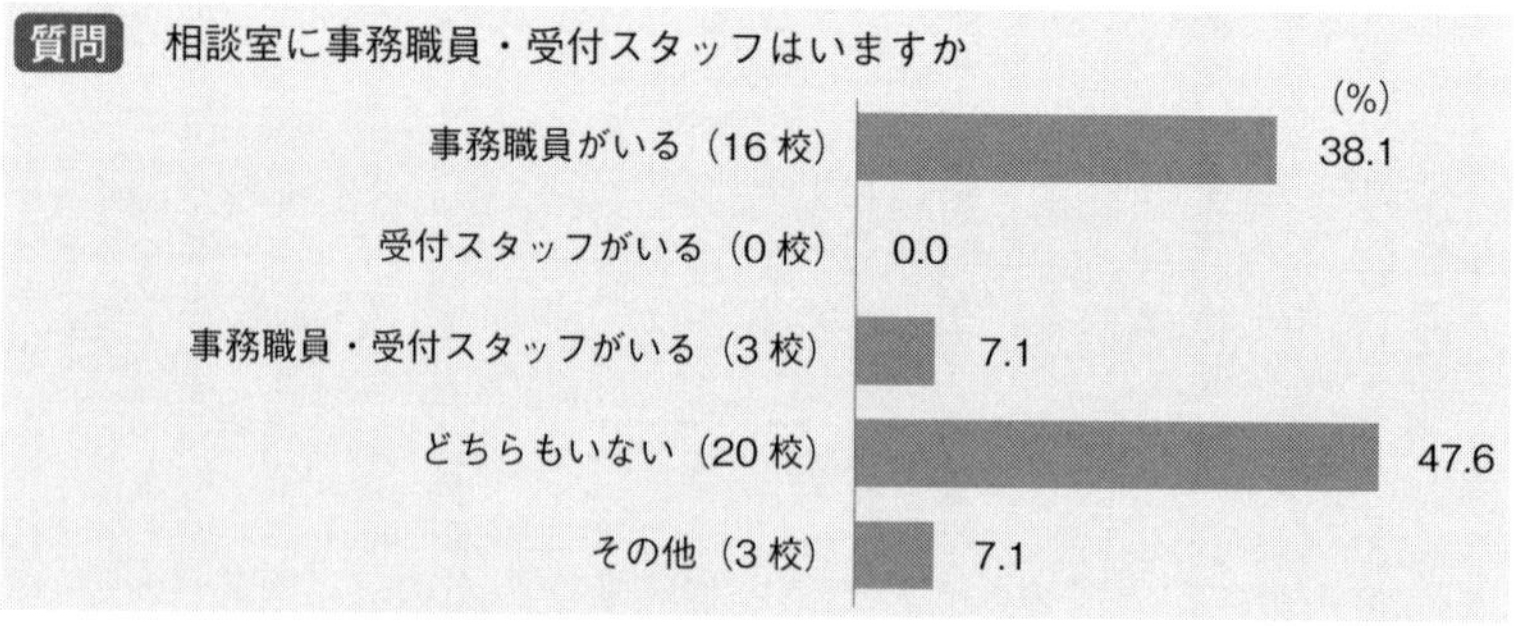

図 2-23　事務職員・受付スタッフの有無

図 2-21–図 2-23［久ら（2018）「大学におけるハラスメント相談体制の現状」『学生相談研究』39, 118-129 頁］

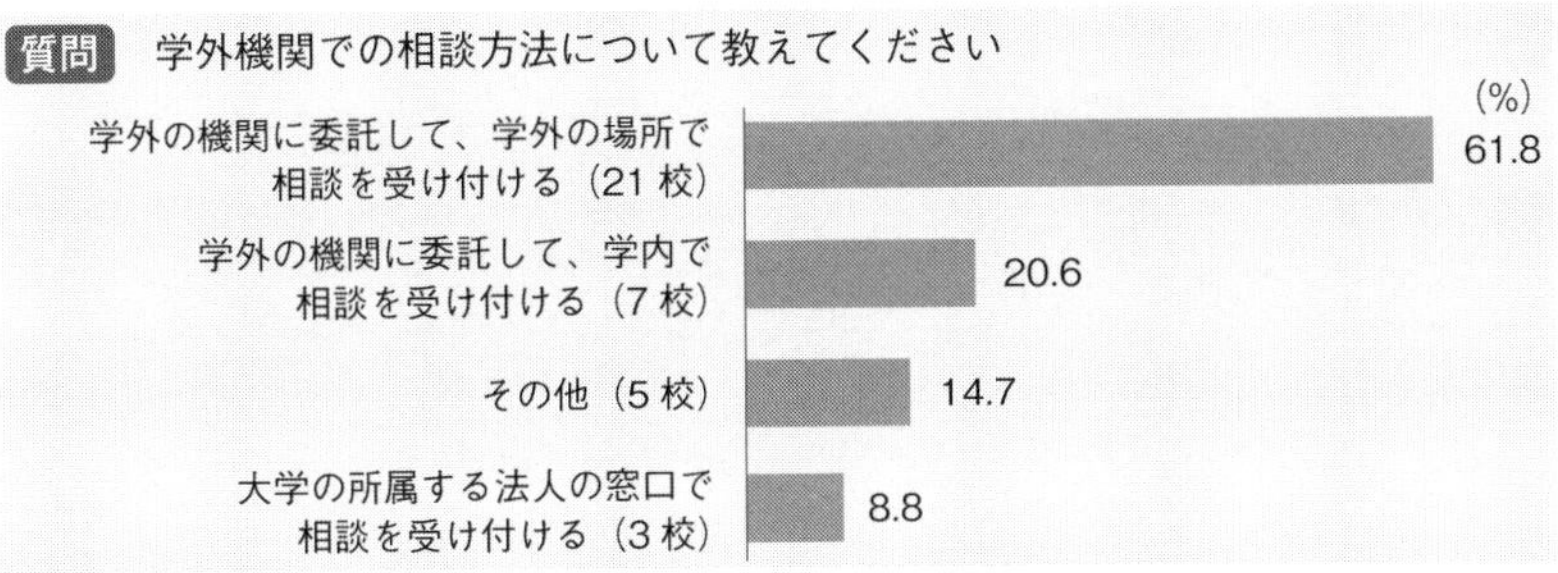

図2-24　学外機関での相談の受け方

［久ら（2018）「大学におけるハラスメント相談体制の現状」『学生相談研究』39, 118-129頁］

多く、「臨床心理士」が40・5％と次いで多かった（図2-22）。「その他」の内容としては、特に資格は定めていないという回答が最も多かった（19校）他、「社会保険労務士」「学校心理士」「看護師」「産業カウンセラー」などがあった。

ハラスメント専門相談室に事務職員や受付スタッフがいるかどうかについて尋ねたところ、「どちらもいない」と回答した大学が47・6％であった。次いで事務職員がいると答えた大学が38・1％と多かった（図2-23）。ハラスメント専門相談室の多くは相談を受け付ける相談員で主に構成されていることがうかがわれる。

（3）学外相談機関の体制について

学外相談機関を置いていると回答した大学に対して、どのように学外で相談を受けているかを質問し、回答を求めた。学外に相談機関を置く大学では、学外機関に委託して、学外の場で相談を受け付けるという回答が61・8％と最も多かった（図2-24）。

2　相談対応の方針・方法について

（1）相談を受け付ける対象と相談の受け方について

ほとんどの大学で、ハラスメント相談窓口には、「学生」「教員」「職

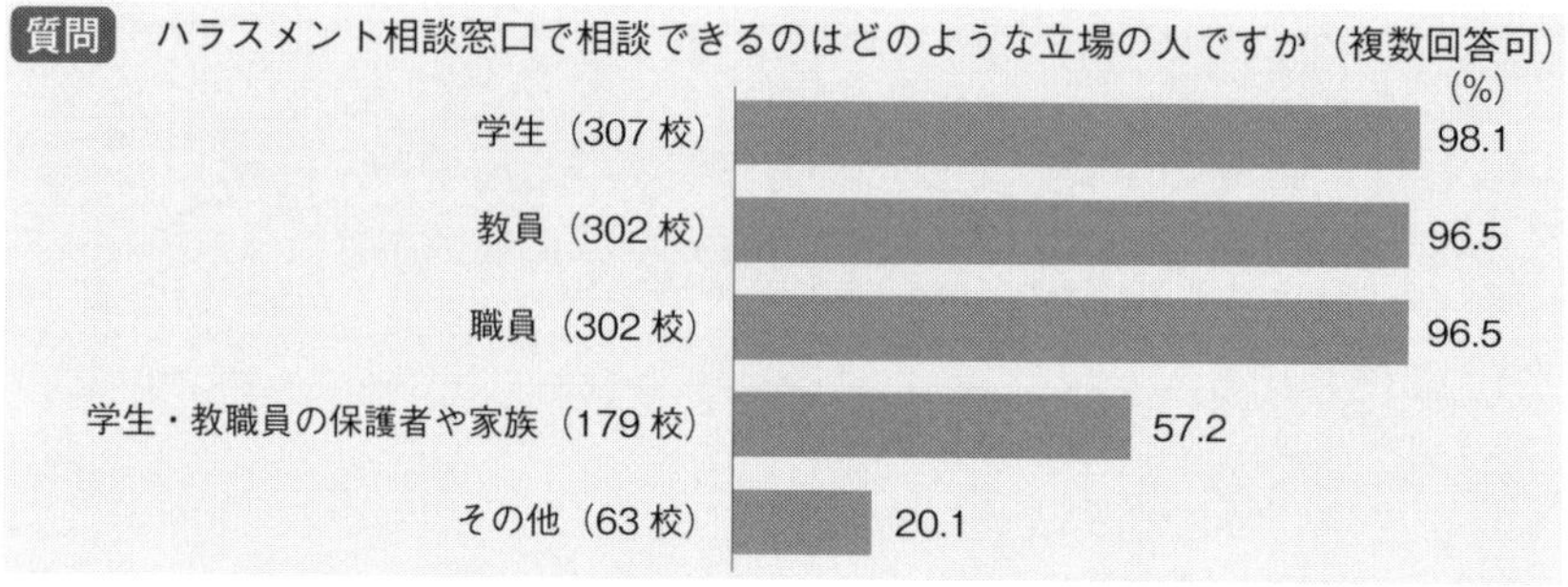

図2-25　ハラスメント相談窓口で相談可能な立場

［久ら（2018）「大学におけるハラスメント相談体制の現状」『学生相談研究』39, 118-129頁］

員」が相談できると回答した（図2-25）。「学生・教職員の保護者や家族」も相談できると回答した大学は57・2％であった。その他として、「卒業生」「退職者」「関係業者」「構成員を加害者または被害者とする学外の者」などが挙げられた。これらの結果に関して、他の要因との関連を検討したところ、「学生・教職員の保護者や家族」については、ハラスメント専門相談室を有している大学の方が相談を受け付けていると回答した割合が多かった。窓口が明確になることで、保護者などの相談がしやすくなることが考えられる。

相談を受ける形式については、ほとんどの大学が対面での相談を受け付けていた。また、メールや電話での相談を受けているという大学が75・7％であった（図2-26）。これらの結果に関して、ハラスメント専門相談室を設置しているかどうかによって対応の差があるか検討したところ、ハラスメント専門相談室がない大学のほうが、対面に加えて多様な方法で相談を受け付けている傾向がみられた。ハラスメント専門相談室がない大学は、事案に合わせて柔軟に相談対応にあたっていることが考えられる。

対面で相談を受ける場合の対応人数については、二人以上の相談員で対応していると回答した大学が半数であった（図2-27）。ハラスメント相談は複雑な要因を含み、慎重な対応が求められるため、複数名

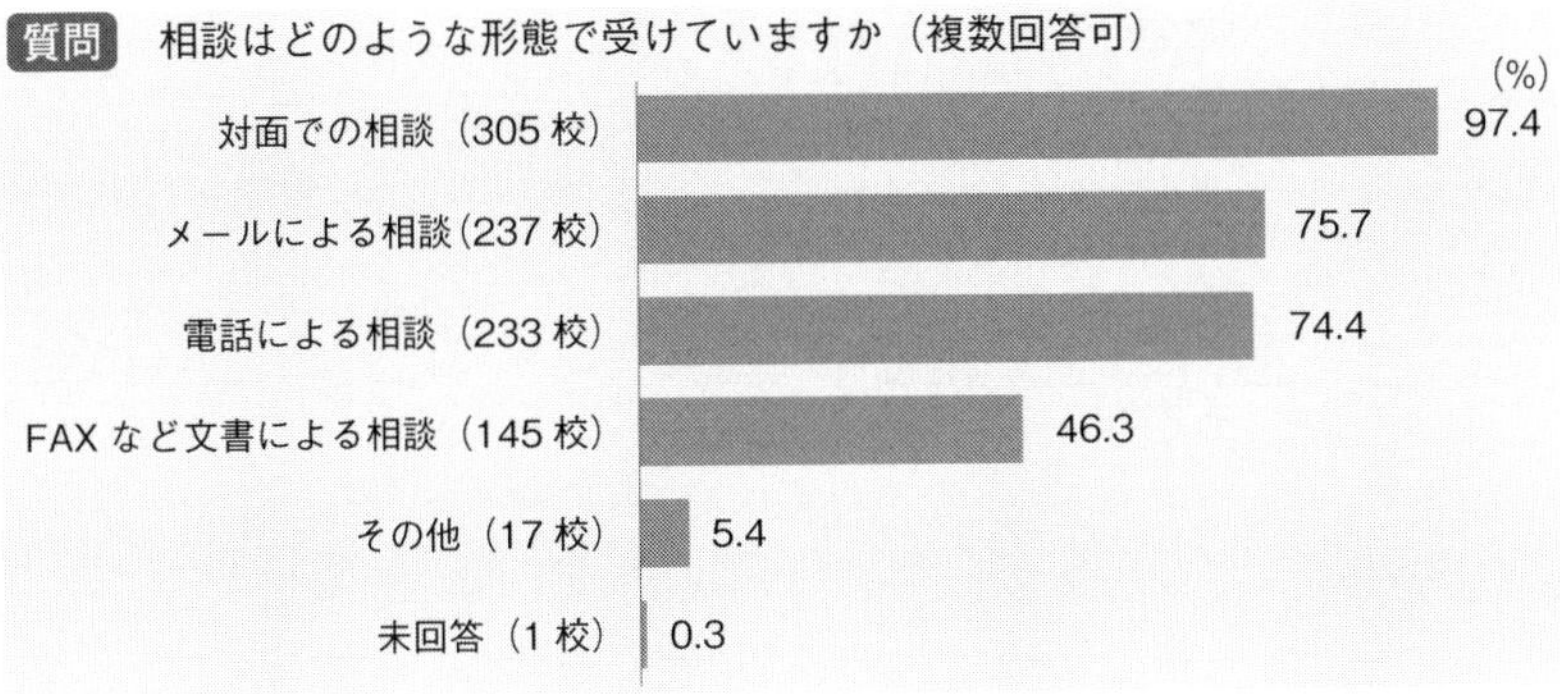

図2-26　相談を受ける形式について

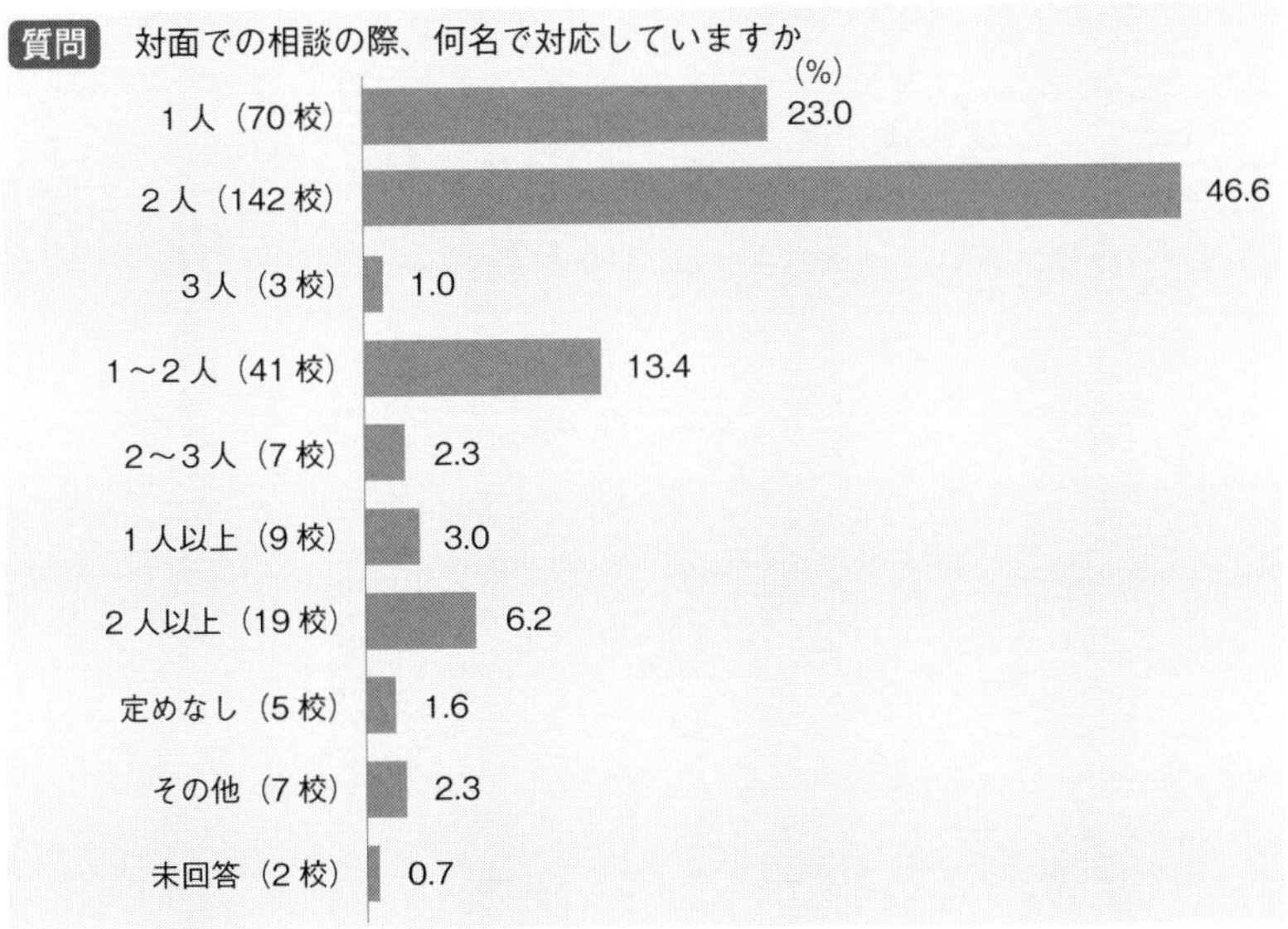

図2-27　相談時の相談員の対応人数について

図2-26、図2-27［久ら（2018）「大学におけるハラスメント相談体制の現状」『学生相談研究』39, 118-129頁］

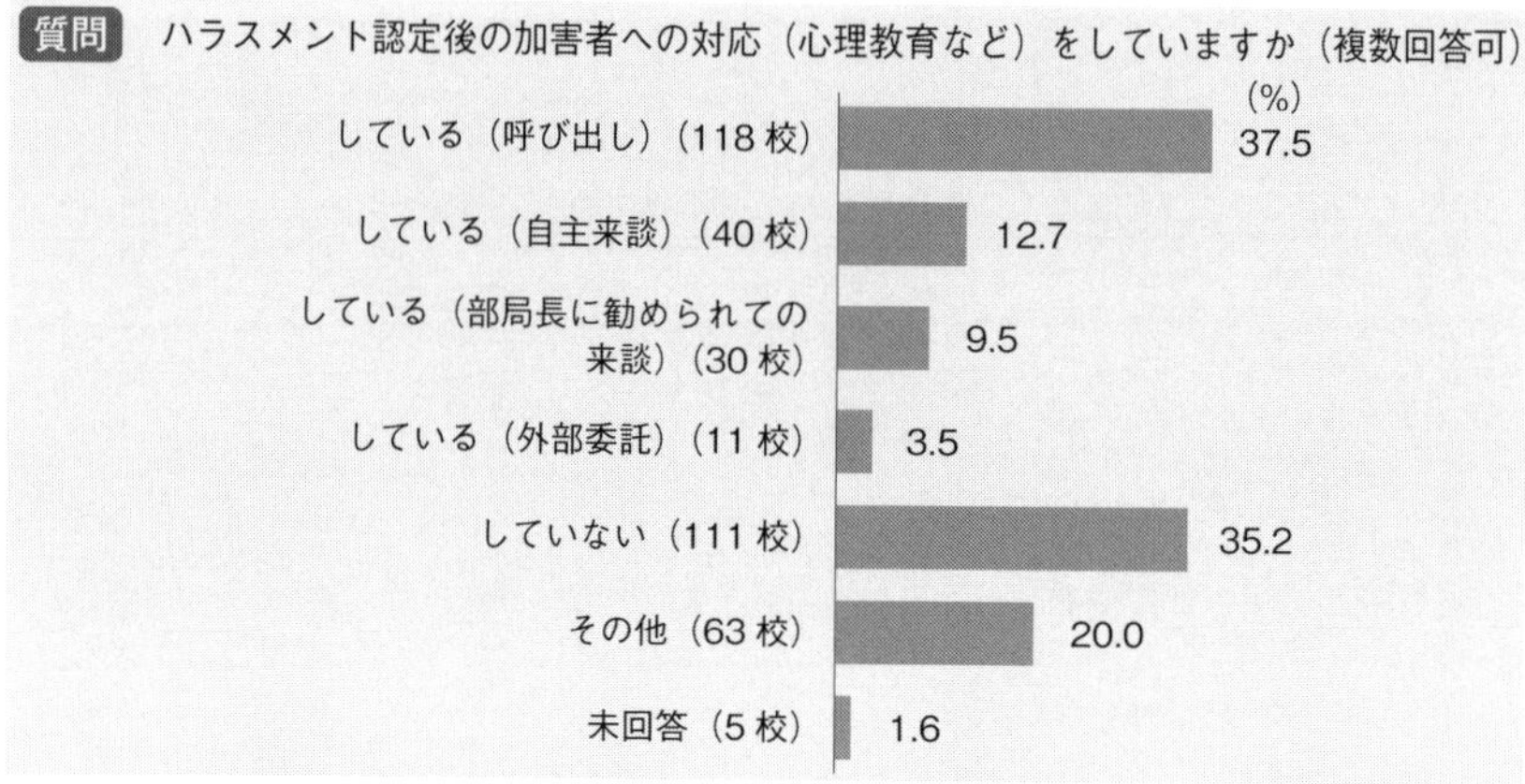

図 2-28　ハラスメント認定後の加害者への対応について

［久ら（2018）「大学におけるハラスメント相談体制の現状」『学生相談研究』39, 118-129 頁］

で対応し、一方が記録を取るなどの対応をしていることが考えられる。

（2）相談可能な形態等について

匿名での相談への対応を行っているかについて質問をしたところ、67・7％の大学が匿名での相談ができると回答した。その他では「申し出は受けても対応は難しい」「初期段階のみ匿名可能」などの回答がみられた。ただし、申立などの解決に向けての動きの中では、匿名のままでは対応が難しいことも考えられ、どこまで匿名で対応するかということについては、各大学の制度に合わせて事前に十分検討しておくことが必要であろう。

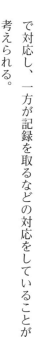

留学生や外国人教員のための英語による相談対応については62・9％の大学が、英語での対応をしていないと回答した。この結果に関して、他の要因との関連について検討したところ、学部生数の多い大学のほうが英語による対応をしているという回答が多い傾向にあり、英語対応については大学内の外国人構成員の数が影響している可能性が考えられる。

また、加害者対応については、ハラスメントの認定にかかわらず加害者とされる者からの加害不安等の相談に対応しているかと、ハラスメント認定後の加害者に対する教育的な対応等をしているかの２種類の質問を行った。加害者とされる者からの相談について、相談対応をしているかどうかについては52・１％の大学が対応していると回答した。ハラスメント認定後の加害者への対応については、「している（呼び出し）」という回答が37・５％、「していない」という回答が35・２％と同程度であった（図2-28）。加害者の対応については、後述する相談窓口運営上の課題としても挙げられており、対応の難しさがうかがわれる。

（３）相談室運営上の課題について

ハラスメント相談窓口で現在抱えている運営上の課題や検討事項について、選択式での質問に加え、自由記述による回答を求めた。自由記述による回答は、ＫＪ法（川喜田、１９６７）のグループ編成を援用した方法により整理し、表2-5のようにまとめた。

選択式での質問については、「専門相談員の不足」を46・０％の大学が選択し、次いで「加害者とされる者やハラスメント認定後の加害者への対応」が44・１％と多かった（図2-29）。

また、自由記述では、ハラスメント相談に持ち込まれるハラスメントではないと思われる相談への対応や、相談者あるいは加害者側の特性（発達障害や精神疾患等）への対応のように、相談対応についての課題や、それに対応する相談員の専門性についての課題、さらに大学の体制やシステムといったハード面の整備の課題等、さまざまな課題が多岐にわたって挙げられている（表2-5）。大学のハラスメントの相談・防止体制については各大学がさまざまな課題を抱えながら、現在もより良い体制の在り方を構築中であることがうかがわれた。

表2-5　相談窓口運営上の課題、検討事項（自由記述）

大カテゴリー	中カテゴリー	小カテゴリー
相談対応における課題	相談内容の特性に応じた対応の困難さ	▶SNS問題への対応（1）
		▶ハラスメント外の問題への対応（2）
	相談者・加害者とされる者の特性に応じた対応の困難さ	▶加害者対応（1）
		▶発達障害への対応（1）
		▶精神疾患への対応（1）
		▶相談者の個人的要因に応じた対応（3）
相談員に関する課題	相談員の専門性の不足	▶相談員の技術・スキル不足（9）
		▶相談員向けの研修の必要性（4）
		▶相談員の個人差による対応の不統一さ（3）
	相談員の負担の増加	▶兼任相談員の負担の増加（9）
		▶特定の相談員への相談の偏り（5）
		▶相談員のケア・サポートの必要性（2）
相談体制における課題	相談体制の整備の不足	▶専門職員の不足（8）
		▶相談室のハード面整備不足（2）
		▶記録保管方法の未整備（3）
		▶情報漏えい防止対策の未整備（2）
		▶専門相談室の役割の不明確さ（2）
		▶学外相談室・委員会の未設置（4）
		▶専門相談部門（相談室）の未設置（2）
		▶相談窓口の周知（2）
		▶系列学校での相談対応の困難さ（1）
	相談窓口へのつながりにくさ	▶匿名相談への対応の困難さ（3）
		▶相談のしにくさ（4）
防止体制における課題	規程・ガイドラインの整備の不足	▶防止体制の不備・不足（2）
		▶規程・ガイドラインの不備・不足（5）
		▶規程の不備・不足（2）
		▶規程と運用の乖離（2）
		▶連携体制の構築の必要性（4）
	防止研修の強化の必要性	▶再発防止策の不足（1）
		▶ハラスメント防止研修の在り方の検討の必要性（6）
問題解決における課題	問題解決における課題	▶問題解決の時間短縮の必要性（3）
		▶正確な情報の把握の困難さ（2）
		▶スケジュール調整の困難さ（1）
		▶相談者の救済措置の困難さ（3）
		▶緊急対応・危機介入の在り方の検討の必要性（1）
		▶学内の関係性による対応の困難さ（3）
		▶被害者と加害者の認識の差（1）
		▶組織としての対応経験の不足（5）
		▶ハラスメントの判断の難しさ（3）

（前頁からの続き）

大カテゴリー	中カテゴリー	小カテゴリー
構成員のハラスメント防止に対する意識についての課題	構成員のハラスメント防止に対する意識についての課題	▸ 執行部・管理職が認識不足（2） ▸ 部局による対応の差（1） ▸ 教職員・学生の意識・理解の差（4）
その他	その他	▸ 相談件数の増加（1） ▸ 予算の問題（5） ▸ 教員と学生のコミュニケーション不足（1） ▸ 学術研究の推進の必要性（1）

※（　）内の数字は分類された記述数

［久ら（2018）「大学におけるハラスメント相談体制の現状」『学生相談研究』39, 118-129 頁］

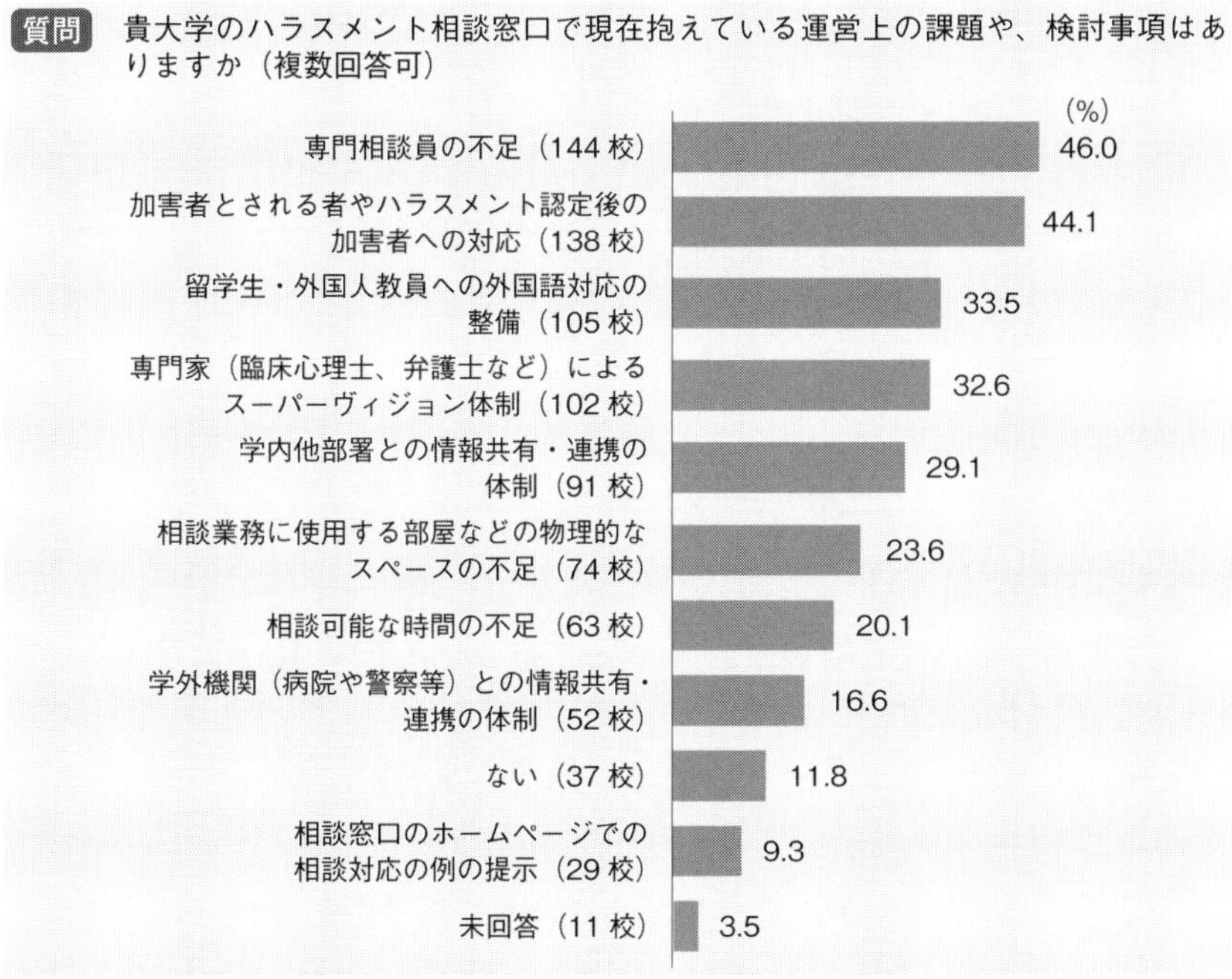

図 2-29　ハラスメント相談窓口で現在抱えている課題や検討事項

［久ら（2018）「大学におけるハラスメント相談体制の現状」『学生相談研究』39, 118-129 頁］

3　まとめ

以上、２節にわたって、質問紙調査の結果を示すことによって、本邦の大学においてどのようなハラスメント防止・相談体制が取られているかについて概観した。各大学においてさまざまな制度や取り組みが整備されていることが示唆された。齋藤（２００４）はハラスメントの発生要因の要素として、学生や指導教員個人の要因に加え、指導の方針や、研究領域の特性といった環境因を挙げているが、ハラスメント事案の発生は構成員の意識や大学の文化・風土、さらには社会情勢の影響などにより、多様に変化するものであると言える。各大学は現状の組織内の状況について可能な限り把握する必要があり、必要に応じて、制度の取り入れや見直しなどを行うことが望ましいと考えられ、本調査の結果はそういった組織運営の参考になるものと思われる。

第3節　大学におけるハラスメント事例に対する援助プロセス

本節では、大学のハラスメント相談がどのようなプロセスによって実施されているのかということについて、ハラスメント専門相談員を対象としたインタビュー調査の結果によって明らかにされた知見を紹介する。

1　問題と目的

日本では、ハラスメントに関連する法制度の整備が立ち遅れている中で、大学のハラスメント相談員や学生相談担当の心理職などがハラスメントへの支援を行っている。臨床心理学の先行研究としては、心理援助の視点からハラスメント相談実践を考察した中川と杉原（２０１０）の研究などがある。しかし、ハラスメント相談は、当事者のプライバシーの問題や所属組織のイメージに関わる問題が含まれることから、事例の公表は極めて困難であり、これらの研究には、実際の事例を扱うことができていないという研究上の限界が存在する。また、ハラスメント相談では、通常のカウンセリングより現実的解決に向けた介入が優先されるが、そうした臨床知を理論化したものはほとんどない。

そこで、本節では、大学のハラスメント相談のプロセスに関するインタビュー調査の結果を紹介する。事実調査や環境調整などの制度を利用したハラスメント事例を収集し、質的研究法により抽象度の高いモデルを作成することで、事例の匿名性を確保しつつ、実際のハラスメント防止・相談体制における相談の実践がどのように行われているのかを示す。

2　方法

質的研究の手法としては、複線径路等至性アプローチ（サトウ、２０１５：以下、ＴＥＡと略記）を研究法として選択した。なお、ＴＥＡで使用される概念の説明については表2-6の通りである。分析対象とする事例は、大学のハラスメント相談の中でも研究室移動などの環境調整が行われることも少なくない教員から

表2-6　TEAの概念説明

TEAの概念	略称	意味	図
等至点	EFP	多様な経験の径路が一旦収束するポイント	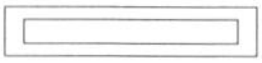
両極化した等至点	P-EFP	等至点とは逆の現象	
必須通過点	OPP	ある地点に移動するために必ず通るべきポイント	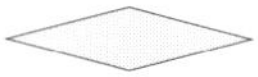
分岐点	BFP	径路が発生・分岐するポイント	
社会的方向づけ	SD	等至点から遠ざける力	
社会的助勢	SG	等至点へと近づける力	
セカンド等至点	2nd EFP	当事者にとって意味のある等至点	
セカンド等至点の両極化した等至点	2nd P-EFP	セカンド等至点とは逆の現象	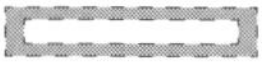

学生へのアカデミック・ハラスメントに限定したところ、5事例が集まった。

3　結果と考察

TEAによる分析の結果、図2-30のモデルが生成された。以下、ストーリーラインの説明により、モデルの説明をする。なお、図2-30の中で使用されているエピソードは《　》で、TEAの概念の略称を（）で示す。

◉ストーリーライン

ハラスメント相談は、《予約受付》をすることから始まる。ハラスメントへの対応は、迅速なスピードが要求されるため、本人または第三者から相談の連絡を受けて1週間以内には、《初回面接》が行われる。《初回面接》では、《相談者の大学への不信》（SD）が強いことが想定されるため、通常の相談以上に《守秘義務の説明》（SG）を丁寧に行う必要がある。

ハラスメント相談では、まずは《客観的な事実関係の確認》（OPP）を行う。録音データやメールのやり取りなど

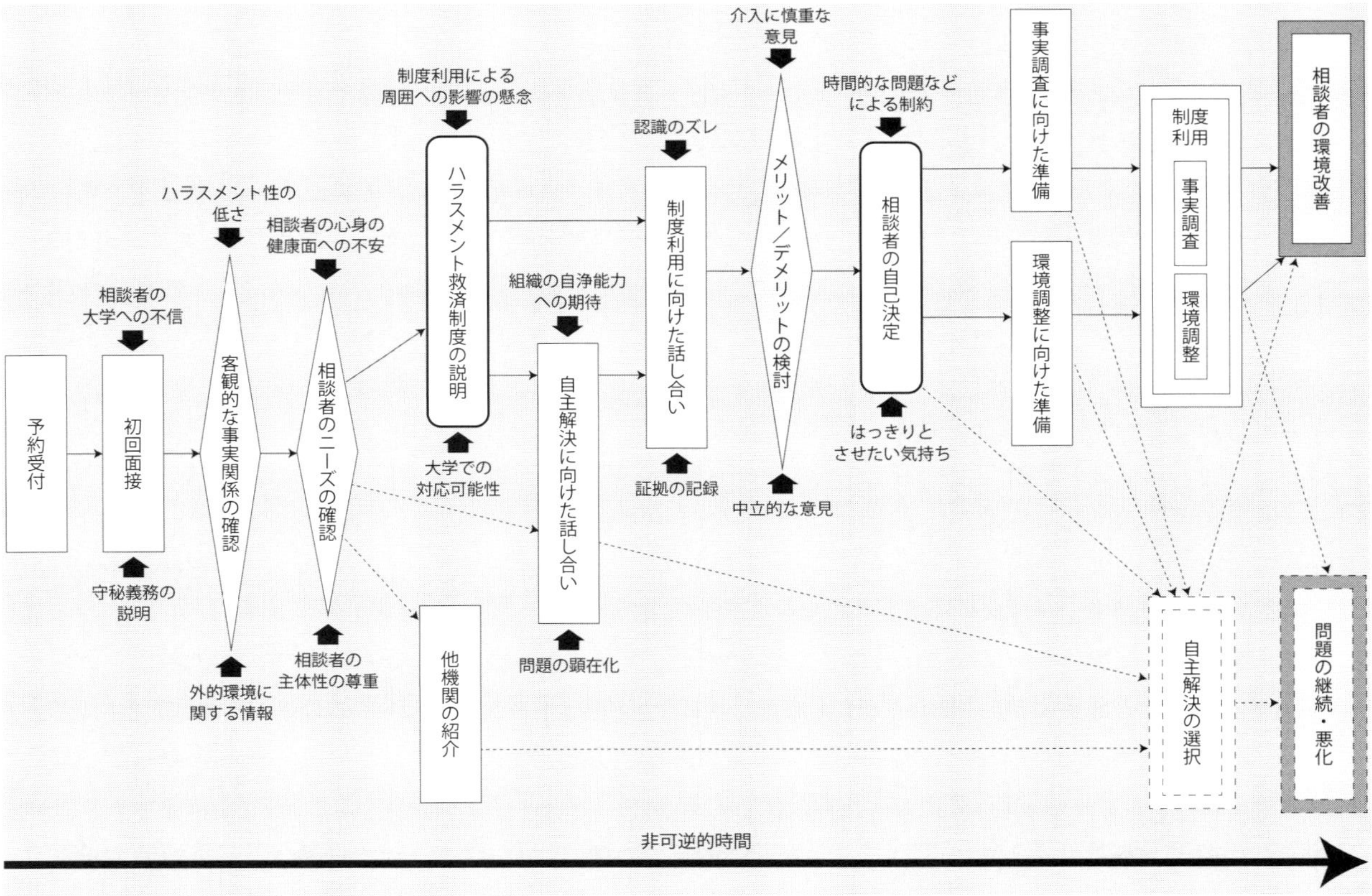

図２-30　大学でのハラスメント相談の援助プロセス

［千賀ら（2019）「大学におけるハラスメント事例への相談援助プロセスに関する質的研究」『心理臨床学研究』37(5), 503-509 頁］

の具体的な証拠が参考になることも多く、こうした《外的環境に関する情報》（SG）がハラスメント相談の基礎となる。このように事実を確認した上で、《相談者のニーズの確認》（OPP）を行うなど、相談者の気持ちや感情について聴取する。また、《相談者の主体性の尊重》（SG）により、相談者が問題解決の主体となれるように援助を行うことを心掛けている。その際に、《ハラスメント性の低さ》（SD）や《相談者の心身の健康面への不安》（SD）がある場合には、相談員の対応としては、大学のハラスメント救済制度の利用につなげることには消極的になり、《他機関の紹介》を優先するケースや、通常のカウンセリングの枠組みで《自主解決に向けた話し合い》を重視するケースもある。つまりハラスメント性が高く、相談者が制度利用の手続きに耐えられる健康状態であると見立てられた場合に、《ハラスメント救済制度の説明》（BFP）へと進んでいる。

ここが最初の分岐点であり、制度利用に至るケースの場合は、《制度利用による周囲への影響の懸念》（SD）と《大学での対応可能性》（SG）のせめぎ合いの中で、《制度利用に向けた話し合い》に向かっている。また、最初は《自主解決に向けた話し合い》をしていたとしても、《問題の顕在化》（SG）によってハラスメント性が高いことが明確になり、《組織の自浄能力への期待》（SD）が難しい場合には、《制度利用に向けた話し合い》に移行する場合もある。

制度利用を行うハラスメント相談では、相談者、加害者とされる者、協力者などの《認識のズレ》（SD）が阻害要因、《証拠の記録》（SG）などの客観的情報が促進要因として作用している。制度利用をする場合には、必ず相談員と相談者が一緒に《メリット／デメリットの検討》（OPP）を行っている。ハラスメント相談は、チーム対応として行われるものであり、《中立的な意見》（SG）などのチーム内の他者の考え方が参考になることが多い。また、チーム内から《介入に慎重な意見》（SD）が出ることで制度利用に消極的になることもある。

最終的な分岐点は、《相談者の自己決定》（ＢＦＰ）となるが、《時間的な問題などによる制約》（ＳＤ）や《はっきりとさせたい気持ち》（ＳＧ）から《事実調査に向けた準備》を行うか《環境調整に向けた準備》を行うのかが決定されている。すなわち、「ハラスメントを認定して処分してほしい」という気持ちが強い場合には《事実調査》を選択することになるが、今の環境を改善させることを優先する場合には《環境調整》を選択することになると考えられる。大学によって制度は異なるが、制度利用の申立をするまでは、訴えを取り下げることが可能なことが多く、ハラスメント救済制度の利用を検討するための話し合いを行った結果、制度利用はせずに《自主解決の選択》（Ｐ－ＥＦＰ）という両極化した等至点に至ることもありうる。

こうしたプロセスを経て《事実調査》や《環境調整》といった《制度利用》（ＥＦＰ）という等至点に至るが、ハラスメントとは複雑な問題であるため、たとえ制度利用などの介入を行ったとしても、根本的な問題が解決するとは限らない。また、加害者とされた者とわだかまりが残ってしまうことも珍しくない。そうした中でも、相談員は《相談者の環境改善》（2nd ＥＦＰ）に焦点を当てて援助していることが示唆されたため、これをセカンド等至点とし、《問題の継続・悪化》（2nd Ｐ－ＥＦＰ）を両極化したセカンド等至点として定めた。

４　まとめ

本節で紹介したモデルにより、ハラスメント相談のプロセスは、《守秘義務の説明》（ＳＧ）などにより、相談者にとって安心・安全な場を提供することから援助が始まり、相談者の周囲を取り巻く《外的環境に関する情報》（ＳＧ）をベースとした《客観的な事実関係の確認》（ＯＰＰ）をしてから、《相談者のニーズの確認》（ＯＰＰ）などの相談者の感情や認識、希望といった内的現実を扱うことでハラスメント性の見立てを実施していることが示された。相談者の訴えを吟味し、内的現実と外的現実の両方を捉えるように心がけることが重要であり、相談者の主観的な気持ちと客観的な出来事を分けて情報を整理する必要があると言える。相談者によっては録音データやメールなどを持参してくるが、こうした《証拠の記録》（SG）が援助の促進要因となることもある。

《制度利用》（EFP）に至るケースの場合、被害者、加害者とされる者、さらには周囲の環境を総合的にアセスメントしながら、調査や調整を行うことの《メリット／デメリットの検討》（OPP）を繰り返しながら、援助者と相談者が共に考えるプロセスを重視している。ハラスメント相談は、相談者の内面よりも外的環境の改善に焦点が当てられるという点で従来の心理臨床との相違点があるが、そのプロセスにおいては、《相談者の主体性の尊重》（SG）など、相談者の気持ちに寄り添い、主体的な動きを引き出していくことを常に心がけていると言える。こうした相談援助の姿勢は、まさに従来の心理臨床と共通する本質であり、ハラスメント相談に心理職が関与することの意義は非常に大きいと思われる。

第3章

大学におけるハラスメント相談の特徴と相談対応例
——専門相談員の立場から

第1節　ハラスメント相談の特徴

1　一般的なカウンセリングとの相違点

ハラスメント相談は、一般的な教育相談や医療機関でのカウンセリングと比べるとかなり違う印象がある。一般的なカウンセリングでは、カウンセラーがクライエントとの一対一の関係性の中で心の変容を扱うが、ハラスメント相談は、相談者が謝罪や改善を求める第三者（相手方）の存在がある。その背景には、個人の問題だけではなく、組織の管理上の問題が潜んでいることもある。そして、その相談者と相手方の関係には立場上の権力の差があり、相手方は自分の優位性を利用して相談者の尊厳を傷つける言動があったというこ とが前提になる。これは、ハラスメントの本質が相手側の権力の乱用によって起きる人権問題だからである。したがって、問題解決については、相談者の心の変容よりも環境の改善や相手方の変化の方が重要視

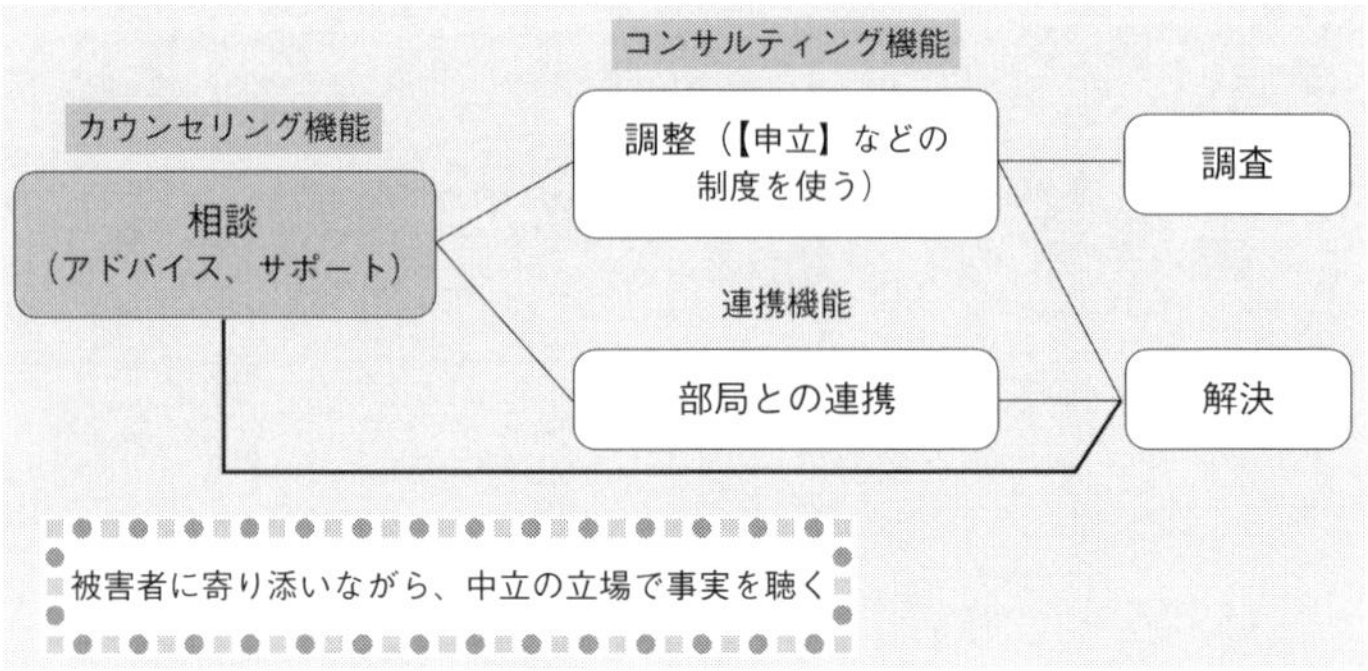

図3-1　ハラスメント相談の機能

され、組織として「人権意識の向上」「組織改善」、そして差別問題の解消による「多様性の推進」などの効果が期待される。しかし、解決に至るプロセスは傷ついた相談者の心の癒やしに繋がることもあり、これは一般的なカウンセリングの効果と同等である。

次に、筆者が勤務する相談室を一つの例として、ハラスメント相談の機能を三つ列挙する（図3-1）。

一つ目は、「カウンセリング機能」であり、相談者に寄り添いながら中立の立場で事実を聞くことであり、いわゆる傾聴に徹するよりは少し客観的に事実の確認をすることの方に重きを置く。

二つ目は、「コンサルティング機能」である。相談を受け、相談員がアドバイスやサポートすることで、相談者が自ら解決できることもあるが、大学のハラスメントセンター等が介入し、調整などの公式な制度を用いて解決に至る場合もある。調整とは、例えば①「中立」：センター等を介して相手方に具体的な要望を伝え、回答をもらう、②「措置依頼」：相談者の属する組織に、事実の確認と相談者保護のために何らかの措置を依頼する、③「通知」：相手方の属する組織に、被害内容を報告し、被害の拡大と再発を防ぐ、④「ヒアリング」：措置依頼等に関して、事実確認のため相談員が相手方から話を聞く、⑤「話し合い」：相談員立ち合いのもと、相談者と相手方あるいは関連組織が話し合い問題解決を図る、などである。しかし、これらの調整が不調に終わった場合は調査に進むことがある。「コンサルティング機能」のこれらの手続きは、一対一の一般的なカウンセリングとは大きく異なる点である。

三つ目は、「連携機能」であり、調整を使わずに、相談員がハラスメントが起こっている部局と連携し問題解決を図る場合である。ハラスメント相談においては、常日頃の研修等の啓発活動を通じて、相談員が学内のさまざまな部署との「連携機能」を上手く活用できるように心掛けておくことが大事である。ただし、大学によっては、相談も含め、専門の相談員ではなく教職員が担っている場合もある。

2　相談や相談者は多種多様

昨今、大学内でのハラスメントへの理解が進むのと同時に、相談件数も増加しつつある。その内容は、教員と学生間／研究者同士による「アカデミック・ハラスメント」、職員同士／教員同士／教職員間の「パワー・ハラスメント」、誰にでも起こり得る「セクシュアル・ハラスメント」「アルコール・ハラスメント」、そして、いわゆるブラックバイトと呼ばれるような学外で起こるアルバイト先でのトラブル、雇用の問題や、ＳＮＳでの誹謗中傷の拡散による人権侵害等多岐にわたる。これらのさまざまな相談を持ち込むのは通常、被害を受けた側であり、例えば「これまで相手の暴言に我慢していたが、もう精神的に限界を感じ相談に来ました」とか、「先生の指導が不適切だと思うので、注意してほしい」などと訴えてくる。しかし、逆に行為者側から、自分の言動がハラスメントだと問題にされたことに不満を持ち来談するなどの場合もあり、被害者と行為者双方からの相談を受けることもある。また、ハラスメントの当事者ではなく、部局の長などの管理者などから、その部局で起こったハラスメントを解決するための方策について相談を受ける場合もある。

これらのさまざまな相談者に対して、相談員は今後どのように進めていけば解決に結びつくか等を考えながら話を聞くが、まずは、相談者のアセスメントが大事である。一般的なカウンセリングでは初回面談で相談者の成育歴などを丁寧に聞くが、ハラスメント相談では成育歴は聞かず、ハラスメント被害そのものを聞く中で、少し相談者の背景に触れる程度である。しかし、相談員は相談者の話す内容、表現、非言語的な様子などから相談者の心の健康度についてアセスメントし、健康度が落ちている場合には、医療機関につなぐ必要性などを判断する。そして、相談者が受けた不利益、心身へのダメージ、現在の環境や職場体制などについて丁寧に聴き、被害の程度のアセスメントをする。同時に、相談者がどのような解決を望んでいるのか、そのためにどのような方法を選択するのか等のニーズの確認をする。初回の面談で得たこれらの情報から、相談室の他のメンバーや執行部と、あるいは上位の組織などがハラスメントの可能性と今後の方針について慎重に検討するなど、大学によって進め方はまちまちである。

相談者の特徴としては、「どこに相談すればよいのかわからなかった……」とか「ハラスメントかどうかわからないが……」などと自分の状況をどう理解してよいかわからない状況で来談する人が多い。また、ハラスメントは立場の優位性を背景に起こるため、被害者である相談者は、不利益を被ることを恐れノーと言えずに我慢していたり、相談したりすることによって何らかの報復をされるのではないかなどの不安を抱えて来談することがある。特に、*セクシュアル・ハラスメントの対価型の被害者は、行為者が評価や昇進に関わっていることが多く、抵抗できずに被害に遭うことがあるため、相談に来るだけでも大変な覚悟と勇気が必要なのである。したがって、相談員が丁寧にニーズを把握し、特に慎重に方針や目標を一緒に検討する必要がある。

3　解決の目的の違い

ハラスメント相談においては、常にこのような相談者（被害者）と相手方（行為者）の関係性に着目し、権力関係や差別意識などについて十分に検討すること、そして、もう一つは組織の体制や物理的環境がハラスメントを引き起こす誘因になっていないかどうかを検討し、個人同士の和解を目指すのか、環境改善によってハラスメントが解消するのかなどを見極めることが大事である。いずれにしても、相談者（被害者）の意向を最優先した解決策を検討し、これまで被った不利益を回復できるよう、具体的な対応策を組織立って講じるよう相談室（または然るべき組織）が働きかけ、組織内の再発防止がなされることがハラスメント相談の目的である。この目的に向かって、どのように組織が動くかは各大学の体制によって違うが、ハラスメント相談の最も大きな特徴は、被害者の尊厳の回復と構成員の人権意識の向上によって再発防止を目指すことである。

＊セクシュアル・ハラスメントの対価型：労働者の意に反する性的な言動に対する労働者の拒否や抵抗により、その労働者が解雇、降格、減給、労働契約の更新拒否、昇進・昇格の対象からの除外、客観的に見て不利益な配置転換などの不利益を受ける嫌がらせのこと。（厚生労働省　都道府県労働局雇用均等室「セクシャルハラスメント対策マニュアル」より）

第2節　ハラスメント相談の対応例

Ⅰ　セクシュアル・ハラスメントの事例

⑴　はじめに

一般的にセクシュアル・ハラスメント（以下、セクハラ）とは、相手の意に反する性的な言動を行い、相手を不快にさせたり、就労や修学などに不利益や損害を与えたりすることを指す。第1章の「大学のハラスメント対応の歴史」にも記載したように、日本では、１９８９年に「セクハラ」が新語・流行語大賞を獲得したことで、その概念が広く知られるようになった。１９９７年には男女雇用機会均等法で事業主の配慮義務が規定され、文部省（１９９９）から「文部省におけるセクシュアル・ハラスメントの防止等に関する規程および運用通知・指針」が発令された。また、２０１７年の男女雇用機会均等法および育児・介護休業法の改正により、事業主は職場での妊娠・出産・育児休業等を理由とした嫌がらせを防止するために必要な措置を講じることが義務づけられた。このように国は一定の指針を示してはいるが、法規制によってセクハラを直接禁止するものは未だにない。各大学がそれぞれ独自のガイドラインや規程をつくり対策を行っているのが現状である。

セクハラの概念が普及し、今日のようにある程度社会に浸透している状況になるまでに約30年を要した。筆者が大学でハラスメント相談に携わり始めたのは約15年前である。当時、大学内ではまだ典型的なセクハラ、教員や上司が優越的な立場を利用して学生や部下に性的な言動を行ったことに対する相談が多かった。しかし、社会全体のセクハラ問題への認識の高まりや大学内でのハラスメント研修などの啓発活動によって、このような「典型的な」セクハラ相談の件数が徐々に減少した。一方、新たな類型の相談が増え、セクハラ相談の内容が非常に多様化し、変化してきた流れを感じる。

セクハラ相談の多様化には二つの側面がある。一つは従来の教員や上司から学生や部下という関係性で起こりやすいととらえられていたセクハラが、学生同士や上下関係がない職員同士の間でも起こるようになり、セクハラが起こる背景にある人間関係が複雑化してきた。このようになった理由の一つとして、各大学が行ってきたハラスメント啓発・予防活動は、教員や管理職といった大学の中で優位な立場にある者に対しては加害者にならないようにと重点を置いてきたが、学生や一般の職員に対しては被害者にならないために、あるいは被害に遭った際にどのような対応をするかに重点を置き、学生間においても、一般の職員間においても、さらには同性間でもセクハラが起こりうると伝える視点が弱かったことが挙げられる。

もう一つの側面は、セクハラ問題の中身の多様性である。従来のセクハラ問題に加え、デートＤＶ、リベンジポルノ、ストーカー問題、マタニティ・ハラスメント、ＬＧＢＴへの差別問題などとさまざまな問題が相談に持ち込まれるようになった。このようなセクハラ問題の多様化によって、大学側も問題の性質を考慮し、被害を訴える者、加害者とされる者、関係者などさまざまな立場の者に対して配慮を求められるようになってきた。以下は架空の学生同士のセクハラの模擬事例を提示し、対応する際の留意点などについて示したい。さらに、多様化するセクハラ問題について、特に教員と学生間の恋愛関係について詳しく述べる。

（2）模擬事例１：研究室変更などを求める学生同士の相談

（本書で扱う模擬事例には通し番号が付けてあり、内容はすべて架空のものである。）

〔相談者〕田辺さん、学部３年生、20代、女性
〔相談者〕山西さん、学部４年生、20代、男性
〔相談者〕大川教授、50代、男性、田辺さんと山西さんが所属している研究室の指導教員

ａ　田辺さんからの相談と相談員の対応

〔相談内容〕

田辺さんと相手方の山西さんは同じ研究室に所属する学生である。サークルも同じであり、田辺さんは山西さんに勉強のことやサークルのことについてよく相談していた。ある時、研究室の飲み会の帰りに、帰る方向が同じで、しばらく一緒に歩いていると、突然山西さんが田辺さんの肩に手を回し、キスをしようとした。田辺さんはびっくりして、後ろにのけぞった。山西さんは一瞬動きを止めたが、また田辺さんを抱き寄せた。田辺さんがどうしたらよいかと迷っているうちに山西さんにキスをされた。その後、別れて田辺さんは自分の家に帰った。

次の日、大学に行くと、山西さんは何事もなかったように普通に挨拶をしてきた。田辺さんは誰もいない時に、山西さんに「昨日はどういうことですか？」と訊くと、山西さんは「あぁ、あれは別に」と、とぼけた感じで流した。山西さんの態度を田辺さんは不快に感じた。

それから日にちが経つにつれ、田辺さんは山西さんを見る度に、その日のことを思い出し、嫌な気持ちになり怒りを覚え、相談センターに来談した。

田辺さんの要望は二点あり、一点目は自分の研究室を変更してほしいこと、二点目は自分と同じ授業を山西さんが取らないようにしてほしいとのことだった。

〈相談員の対応〉

２名の相談員が田辺さんの話を丁寧に伺い、気持ちに共感しつつ、問題発生の経緯や田辺さんが取った対応、現状などについて確認を行った。相談員では山西さんの言動がセクハラに当たるかどうかを判断することはできないが、田辺さんと一緒に今後どのように対応していくのがよいかを共に考えることは可能であると伝えた。ハラスメントの認定を求めるなら「申立」をして「調査」という手続きがあると説明を行った。また、田辺さんは終始うつむき加減で話し、なぜ山西さんにキスされた時にきちんとした態度で拒否できなかったかと消え入りそうな声で話していた。今回の出来事で田辺さんは山西さんに怒りを感じている一方、自責の念も抱いており、精神的に疲弊している様子が伺えた。相談員が田辺さんに確認したところ、食欲不振、睡眠障害、意欲低下などのストレス症状が見られたので、学内の保健管理室への受診を勧めた。

田辺さんは現時点で大ごとにしたくないという思いが強く、申立をして調査の手続きを申請するつもりはないとのことだった。ただ、山西さんと同じ研究室で勉強するのが難しい状況なので、研究室を変更したい気持ちは強かった。相談員は田辺さん自身が研究室の指導教員大川教授に相談できるかどうかを尋ねたところ、自分から相談できるとのことだったので、田辺さんと共に大川先生への相談の仕方や要望の伝え方を確認して初回面接を終えた。今後は状況の推移を見守りながら、田辺さんの気持ちが落ち着くまで継続面接となった。

b　大川教授からの相談と相談員の対応

〈相談内容〉

田辺さんと山西さんの指導教員である大川教授は田辺さんの相談を受け、相談センターに来談。大川教授から見て二人は仲のよい先輩と後輩で、このようなトラブルになっていることに少し驚いていた。田辺さんと話した感じでは、研究室を変更したいという意志が強く、これに関しては他の研究室の教員に交渉して、領域が近い研究室に移ることができるように手配したいとのこと。しかし、田辺さんは「自分と同じ授業に山西さんに出てほしくない」とも訴えており、これに対してどうしたらよいかを相談したいと話された。

また、田辺さんの了承を得て山西さんにも事情を聞いたところ、山西さんは自分の言動に対して「田辺さんに申し訳ないと思っている」と話された。

〈相談員の対応〉

田辺さんの担当相談員2名が大川教授の話を伺いながら、共に今後の対応について検討を行った。検討するポイントとして、田辺さんの心身の状態、山西さんの様子、双方の修学状況、学部で行うことができる調整およびその限界、また調整を行った場合、予測される田辺さんと山西さんの反応などが挙げられた。現時点で田辺さんと山西さんの双方が履修している科目は大川教授が担当している専門科目と近接領域の教員が担当している専門科目の二つだった。どちらの科目も山西さんの卒業単位には影響がない。

上記を踏まえ、大川教授と相談員が検討した結果、大川教授が一度山西さんに田辺さんの要望を伝え、できれば田辺さんと双方が履修している科目二つの出席を控えるようにと伝えてみることになった。もし、山西さんの了承が得られなければ、今後の対応について引き続き大川教授と相談センターで検討を行っていくことが確認された。また、今回のことで研究室での山西さんの様子が心配であれば、山西さんに相談センターへの来談を勧めてもらうことも可能であることを相談員から大川教授に伝えた。

c　山西さんからの相談と相談員の対応

〔相談内容〕

大川教授が相談センターに来談してから一週間後に山西さんが来談。山西さんは、「大川教授に何か話したいことや相談したいことがあれば、相談センターの相談員が話を聴いてくれる」と言われたとのこと。

田辺さんおよび大川教授の担当と異なる相談員２名が山西さんの話を伺った。山西さんが語った内容は田辺さんのものと概ね一致していた。田辺さんが研究室変更を余儀なくされたことについて申し訳なく感じており、大川教授に言われた通り、田辺さんと履修が重なっている二つの専門科目の出席をやめることにしたと話した。

しかし、一週間経った今、山西さんとしては、「なんとなく気持ちがすっきりしない」と話した。最初、大川教授に言われた時は仕方がないと思っていたが、実際先週の講義を休んだことによって焦りを感じるようになった。山西さんはすでに就職が決まっており、出席をやめた二つの専門科目は卒業単位に影響はしないが、講義内容は就職先で活かせそうなもので、必要だと思って履修していた。また、このまま出席を止めると、単位不認定となり成績表にも反映されてしまう。親に聞かれた時に説明するのに困る。そして、今回のことが研究室でどこまで広まっているのか、心配である。田辺さんが他の研究室に移動することは先日大川教授が研究室ミーティングで全員に伝えた。皆驚いたように見えた。そのあと、田辺さんに直接理由を尋ねる人がいたかどうかわからないし、田辺さんが聞かれてどう答えるかもわからないが、研究室に居づらい。皆にどう思われているのか、皆に距離を置かれるのではと気が気でない。何よりも大川教授が自分のことをどう思っているのかと考えると、不安に駆られて夜も眠れないと話した。そして、自分も研究室変更を考えた方がよいのかと相談員に尋ねた。

〈相談員の対応〉

山西さんは早口で今までの経緯、現在の状況、自分の気持ちを一気に相談員に語った。表情は思いつめた感じで、語気を少し荒らげるところもあった。精神的に不安定な状態であることがうかがえた。相談員は山西さんの焦りや不安な気持ちに共感しつつ、共に状況の整理を行った。山西さんが一番心配していたのは、自分のことを大川教授や研究室のメンバーはどう思っているかということだったが、本人が研究室の様子を見て、自分に対する態度に変化がないと感じているようだった。その他にも山西さんは単位を落とすことについてどのように親に説明するかを悩んでいたため、その説明内容を共に考えた。また、山西さんは科目履修のことについても心配しており、もし必要があれば、大川教授や近接領域の教員に講義の資料をもらい指導を受けるようにと相談員から助言を行った。面接の最後に山西さんの心身の状態を確認し、必要があれば来談するよう伝えた。

(3) 事例の対応のまとめ

まず、模擬事例1はセクハラ事案であるかどうかについて考えてみたい。田辺さんは山西さんに突然キスされ、驚いた。また、その後の山西さんの対応によって不快な気持ちになった。これを前述のセクハラの定義に照らし合わせれば、性的な言動を受けた人がその言動を不快に感じたかどうかが判断基準の重要な要素の一つになっているので、本事例はセクハラと認定される可能性はある。ただし、実際のハラスメントを認定する手続きは各大学の規程に沿い行われる。

一般的に、性的言動に対する受け止め方は、個人の価値観や出身地、社会・文化などによる影響が大きい。また、不快に感じるかどうか、許容範囲かどうか、嫌なことに対する意思表示ができるかどうかなど、個人差が非常に大きい。セクハラに当たるか否かについては、受け手がどう受け止めるかが重視される傾向にある（名古屋大学 ２０１５：東京大学 ２０１７：九州大学 ２０１８）。一方、２０１４年に厚生労働省都道府県労働局雇用均等室が示しているセクハラの判断基準には、労働者の主観を重視しつつも、一定の客観性を必要とし、「平均的な女性／男性労働者の感じ方」を基準とすることが適当としている。このように、セクハラの判断基準があるものの、実際の現場ではさまざまな状況を踏まえ、文化的な背景など個別性も考慮する必要がある。

　模擬事例１の場合は、田辺さんは相談した時点で、セクハラの認定を求めていなかった。求めていたのは、自身の研究室変更と、自分と同じ授業を山西さんが取らないようにの二点だった。実際、大学の相談窓口では、模擬事例１と同じように、ハラスメントの認定よりもまず自分の修学就労環境を整えてほしいと要望する相談者が多い。この場合、ハラスメント性の理解も重要であるが、当事者同士が現状どのような関係性にあり、その関係性のなかで修学就労環境にどのような支障が起きているのか、改善するためにどのような方策が考えられるかなどを総合的に判断し検討する必要がある。

　模擬事例１の場合、相談窓口で考えられる対応として、まず田辺さんの心身状態を確認し、もし田辺さん自身が所属している研究室の指導教員に相談できるのであれば、それをサポートするための心理的な支援を行う。もし、それが難しかったら、次に考えられるのは大学が設けている環境調整制度の利用である。田辺さんの了承を得て相談窓口が指導教員、あるいは田辺さんと山西さんが所属している学部の責任者に事情を説明し、考えられる対応策について共に検討する。その結果、研究室の変更が認められる可能性がある。

　田辺さんの一つ目の要望である「研究室変更」については恐らく指導教員の配慮や環境調整制度で対応が可能であろう。対応が難しいのは二つ目の「山西さんに自分と同じ授業を取らないようにしてほしい」である。これは山西さんの修学環境に関わることになる。ハラスメントが未認定の段階で、どこまで調整可能かを慎重に吟味する必要がある。考えられる対応としては、田辺さんと山西さん両者が履修している授業に関して、山西さんの卒業要件に影響しないことを確認した上で、指導教員が山西さんに事情を説明し、その授業への出席を止めるように説得することである。山西さんがその説得に応じなかった場合、次にどのように調整すればよいのか、また、もし両者が履修している科目が山西さんの卒業に影響するものだったら、どのように対応すればよいかを検討する。例えば、授業の担当教員に理解を求めて、田辺さんが残りの授業に出席せず、代替のレポートを課すという対応が考えられる。しかし、田辺さんは自分が授業に出席できないのは不利益と考え、納得できないかもしれない。さまざまなことを加味すると、当事者同士が学生の場合、出来事のハラスメント性も重要ではあるが、双方の修学環境を調整することも視野に入れなければいけない。

ハラスメント相談のプロセスにおいて、被害を訴える者と加害者とされる者の双方の話を丁寧に聴き、状況の整理や気持ちのサポートが必要となる。被害を訴える者に対してこのようなサポートを行うのは当然であるが、加害者とされる学生に対しても、同様のサポートを行うことに疑問を感じる人もいるかもしれない。しかし大学の現場で学生同士のトラブルの事案に携わっていると、加害者とされる学生の精神的なサポートも必要であると感じることが多い。大学生は年齢的に青年期の中期および後期に当たり、子どもから大人への過渡期で精神的にまだ不安定な時期でもあるため、予想外の行動をとる場合がある。加害者とされる者も精神的に参ってしまい、自傷他害の恐れや自分の将来が考えられなくなり、自暴自棄になってしまう場合がある。大学は教育機関で、入学した学生の将来を考え教育指導する義務があり、問題を起こした学生に対しても同様である。模擬事例1の山西さんの対応のように、学生の心身の状況に留意しつつ、修学環境の調整も視野に入れて考える必要がある。

模擬事例1の大川教授は、学生への対応についての助言を求めて来談した。大川教授からの相談への対応は本章第1節で述べたコンサルテーションで、大学のハラスメント相談では教員や管理職に対してよく行われる相談の一つである。コンサルテーションを行う際に、当事者の様子を一番よく知っている相談者から丁寧に状況を確認し、現実的な対応策を共に考える。また、対応策をとった際に予想される当事者の反応、結果などの見通しも考えておくことが重要である。

(4) ハラスメントの範疇を超えた事案への対応

模擬事例1では、学生同士のセクハラの可能性があるケースを紹介したが、学生同士のトラブルには大学のハラスメント規程を超え、警察の関与などが必要なものもある。例えば、リベンジポルノなどのインターネット上のトラブル、盗撮、ストーカー事案、深刻なデートDVなど、被害者側が命の危険さえ感じるケースがある。このような場合、被害者に警察への相談を勧めたり、警察への相談に同行したりすることも考えられる。大学の規程で明記されていなくても、必要性と緊急性に応じてさまざまな支援を行う。

大学のハラスメント相談は、学内のみならず、警察をはじめとする学外機関、弁護士との相談・連携が必要となることがあるためあらかじめ外部で相談できる機関の情報を集め、速やかに相談者に情報提供ができるように準備しておくことが重要である。

また、模擬事例1では被害を訴えた学生の相談も加害者とされる学生の相談も大学内の同じ相談機関がその役割を担っていたが、上述のようなハラスメントの範疇を超える可能性のある深刻なケースにおいては、加害者とされる者の相談やハラスメントの再発防止のための心理教育を学校内の別組織、あるいは外部の組織にゆだねることも考えられる。いずれにせよ、ハラスメント相談は被害者のみならず、加害者とされる者、関係者など多くの人が同時に来談したり、相談内容も極めて多岐に渡ったりするので、大学内外の関連機関との連携を常に視野に入れて対応する必要がある。

（5）指導関係と恋愛関係は両立するものなのか――教員と学生間の問題

セクハラの典型例として、教員が自分の立場を利用して学生にプライベートでの付き合いを強要することが挙げられる。しかし、時には学生も教員に好意を抱き、一見相思相愛の関係も存在する。この場合、事情がより複雑になり、教員からもさまざまな言い分が出てくる。このような教員と学生間の複雑な関係をどのように考えればよいか。各大学のハラスメント規程やガイドラインを調べてみると、現状ではほとんどの大学ではセクハラについての定義はあるものの、教員と学生間のプライベートな関係について直接禁ずる記述はない。しかし、いくつかの大学はこれについて説明の文章を加えている。例えば、金城学院大学（2000）では、「教員と学生の《合意》に基づく親密な関係は、個人のプライバシーに関することであり、基本的人権の問題として尊重されます。しかし、教員と学生の間においては、真の合意が成立するのはかなり困難であることを、教員は自覚しなければなりません。直接の成績評価権をもつ教員と学生の間の場合、合意の関係はセクシュアル・ハラスメントに移行しやすく、また、公正な評価が行われるのか、他の学生を不安にします。そこで、合意に基づく関係にある相手方が自分の評価すべき学生になった場合、あるいは、学生とそのような関係になった場合、指導教員は速やかに研究科長・学部長にその旨を申し出る義務を負います。研究科長等は、指導教員の変更等必要な措置をとります。ただし、この申し出を怠ったことのみを理由として懲戒処分を受けることはありません」と記述してある。

また、立命館大学（2019）では教員と学生の恋愛関係について、「教員と学生・大学院生との間は、対等平等な関係ではありません。共に意見交換や議論することから、一見、対等平等な関係であるかのように思えますが、大学教員は、学生・大学院生に対して成績評価権を有することから、学生・大学院生に対して絶対的に優位な立場にあります。とくに、大学院においては、指導教員の力はさらに強いものとなります。大学院の指導教員は、研究指導や学位論文審査において最終的な判定を下す指導者として、指導下の大学院生に対して決定的な影響力を行使することが可能です。教員は、この優位性を背景としたハラスメントが生じやすい立場であることを自覚すべきです」と記述してある。

この二つの大学の記述は、教員と学生間のプライベートの関係の本質をよくとらえている。人と人の関係性の背景に基本的な人権問題が土台になっており、教員と学生のプライベートの関係を完全に禁ずることは難しいかもしれない。しかし、指導の関係とプライベートの関係が両立するかどうかという観点で考えると、教員は学生の教育指導や成績評価を客観的にそして公平に行う必要があるが、特定な学生と親密な関係になったことにより、公私混同が極めて起こりやすい状況に陥ってしまう。教員の役割として求められているすべての学生に対する客観的にそして公平に接することが果たせなくなる可能性が高い。また、たとえプライベートな関係になっても、その役割を果たせる教員がいたとしても、周囲の人にとってこの状況をどうとらえるか、教員が自分の役割を果たしているように見えるだろうか。恐らく不公平感や不信感を抱くであろう。また、成績評価だけでなく、大学院生の場合、学位審査あるいは進路に関しても教員が大きな力を持っている場合がある。大学院生は学部生よりも教員から研究指導を受ける機会が多く、共に学会などに参加する機会も増えるため、教員と接する時間が長く親密性も高い。

上記を踏まえ対処するために、まず何よりも教員側の自覚が求められる。教員という立場は、学生にとって「自分の将来を左右する力を持っていて、基本的にノーと言えない関係性がそこに存在するものである」ということを常に意識する必要がある。また、このような圧倒的にパワーの差がある関係のもとに生まれたプライベートの関係は非常に不安定で、常に学生の修学環境が悪化するリスクをはらんでいる。関係が破綻した時に、学生にとって不利益が生じやすい。特に大学院生の場合、将来研究者を目指し、指導教員と同じ専門分野でキャリアを築いていく道を歩むことも想定される。教員との関係が悪化した場合、その関係性にとどまらず、自分の将来に大きな影響を及ぼしてしまうことが考えられる。このような状況になった場合、責任は双方にではなく、よりパワーをもっていた教員側が問われることが予想される。防止するために、金城学院大学の規程のように、プライベートの関係になった時点で職場の上司に報告し、学生との指導関係を解いてもらうのは合理的な措置の一つではないかと思われる。

いろいろと述べてきたが、結論として、教員と学生間の指導関係とプライベートとの関係は両立することは難しく、本人同士だけでなく、周囲への影響も含めて考えると、基本的に禁ずるべきであろう。プライベートの関係になった時、直ちに公の指導関係を解くのが適切であろう。これを大学のハラスメント規程に明記するかどうかは大学それぞれの考え方によるが、大学が一定の方針を示すことが望ましいのではないかと思われる。

2 アカデミック・ハラスメントの事例

(1) はじめに

ハラスメントは人間関係の問題をベースにして生じるものである。ハラスメントが関わる状況においては、双方の意見や主張の相違が大きいために、簡単には解決に至らない場合も多い。さらに、解決を目指して第三者がその問題に具体的に介入しようとすると、さまざまな立場の人が関係者として関与することとなり、その構造がますます複雑になってしまう傾向があるのも特徴である。相談部署に相談が持ち込まれるのは、そのように複雑化した後である場合が少なくないため、相談部署はより良い解決が得られるようにするためにさまざまな配慮や工夫をしている。本項では、ハラスメント相談にさまざまな関係者が相談に来たと想定した模擬事例を紹介し、その対応の難しさを示すと共に、組織内の相談部署としてどのような工夫ができるのかについて考えてみよう。

（2）模擬事例２：被害者、加害者、関係者がそれぞれ来談した事例

〔相談者〕学生相田さん：小川研究室所属の修士課程1年生の男性。他大学の学部を卒業して、大学院から小川研究室の大学院生として入学し、X年度から原田助教の指導を受けることとなった。他大学ではテーマは近いがやや異なる分野の研究をしていた。

〔相手方〕原田助教：小川研究室に所属する男性助教。忙しい小川教授に代わり研究室の学生指導を主に行っている。研究熱心で同年代と比較して業績も多い。

〔管理者〕小川教授：小川研究室の管理責任者である男性教授。学会の役員の仕事や行政との打ち合わせなど出張も多く、多忙で研究室にいないことが多いが、学生思いである。

〔学生〕上山さん：小川研究室所属の博士後期課程の2年生の男性。学部生の時から小川研究室に所属しており、研究室の実情をよく知っている。他大学から来た相田さんに対しても親切で、研究室のまとめ役のような存在になっている。

〔大学院長〕大谷大学院長：小川研究室があるY大学院の大学院長。今年度から現在の役職に就いた。特段配慮的というわけではないが、冷静で客観的な視点で対応する。

ａ　事例の経過ⅰ

学生の相田さん（相談者）はX年4月に他大学からY大学院に進学してきた。以前在籍していた大学での研究内容は小川研究室のテーマと多少分野が異なるが、新しい分野での研究に対するモチベーションは非常に高く、自分なりに一生懸命研究を進めていた。しかし、1ヶ月ほど経った頃から、原田助教（相手方）が実験準備や実験施設の管理をすべて相田さんに任せるようになり、相田さんは深夜まで大学に残り、土日も関係なく大学に出てくることが約3ヶ月続いた。非常に疲れているのに寝つきが悪いために疲れがなかなか

取れないという状況がしばらく続いたため、X年10月に入ってから自主的に1週間休むことにした。その際、原田助教には「風邪を引いたので」と説明していた。1週間休むと気分もさっぱりしたため、再び大学に出て行き、まず原田助教に休んだことのお詫びをしに行くと、原田助教は「休んでいた間は他の人にお願いした。休んだ分取り戻すように頑張るように」と他の学生と同じ量の課題と、休んだ分の負荷が加わったような量の実験が指示された。体調のことなどには全く触れられなかったため違和感を覚えつつ、指示された課題と実験をこなそうと頑張ったが、徐々に食欲が落ちてあまり食べられなくなり、気分が落ち込むことが日に日に増え、朝、研究室に行くことを考えると吐き気を催すようになってしまった。体調不良は他の学生が見ても心配になるほどであったが、にもかかわらず、原田助教から実験の進捗を確認するメールが頻繁に届くため、相田さんはたまりかねて同研究室の先輩上山さんに相談した。以前から相田さんの様子を心配し、原田助教の言動についても違和感を抱いていた上山さんは相田さんの話を真剣に聞いてくれた。話を聞いた上山さんは「小川教授（管理者）に相談したほうがいいんじゃないか」と助言し、相田さんが了承した上で、相田さんの代わりに小川教授にアポイントを取り、相談にも同席してくれることとなった。

次の日、相田さんと上山さんは小川教授の研究室に出向き、事の経緯を話したところ、小川教授は相田さんの労をねぎらいつつ「先月、君が休んだ時は心配していた」「研究室のことは気にしなくてよいからもう少し休んでみたら」と話した。また、原田助教に対しては「私からきちんと言っておくので心配しないでよい」と話した。

b　小川教授のハラスメント相談室への相談

X年10月下旬、小川教授がハラスメント相談室に来談した。相談内容は「研究室での対応について相談したい。うちの助教が学生にハラスメントを行っているかもしれない」ということであった。相談員は主に話を伺う者（主担当）と主に記録を取る者（副担当）の2名体制で相談を受け、守秘義務等の説明を丁寧にした後、小川教授から以下のような話を聞き取った。

小川教授は「自分の研究室に所属する原田助教が、ある学生にひどい対応をしているようだ。学生の相田さんから相談を受けて発覚した。本人から話を聞いたが、私が聞いてもひどいと感じるものだった。大学のハラスメント防止に関するガイドラインも見てみたが、アカデミック・ハラスメントの例として挙げられている〈常識的に不可能な課題達成を強要する〉や〈学生の研究指導をする際、理不尽な指示を繰り返す〉などに該当するのではないかと思う。また、原田助教が相田さんに休みなく実験室の管理を任せている行為はパワー・ハラスメントの〈極端に長い時間働くことや休日出勤を強要する〉に関わるかもしれない。ひとまず原田助教に注意をしたが、原田助教は不可解な言い訳をしてやり方を変えるつもりはないと返答された。原田助教は研究熱心で、学生指導も任せられると思っていたが。私が研究室の様子をあまり見ることができず、あれだけの対応でよかったのかと心配している。今後どのように対応したらよいか教えてほしい」と矢継ぎ早に話をした。

相談員がこの小川教授の相談を聴きながら考えたことは、まず、原田助教の言動について、現時点ではハラスメントに該当する可能性があるかどうかを判断することはできないが、少なくとも原田助教の言動によって相田さんが心身の不調に陥っており、研究室の状況を知っている小川教授から見てもひどいと感じるということは、それなりの不適切性があるのではないかということである。また、小川教授が事の経緯をかなり詳細に説明できている様子からは、おそらく、学生からの相談に丁寧に対応したものと思われ、このままの状態ではいけないと考えている様子もあるため、相田さんをサポートする役割を取ってくれることも期待された。

さらに、小川教授の注意喚起に対する原田助教の反応はかなり頑なな様子で、一般的な教授－助教関係では珍しい反応に感じられ、そのことに小川教授としても対応に苦慮している様子が見て取れた。特に、学生が調子を崩し、教授から注意を受けても一貫して言動に変化がない様子に相談員としてはかなりの違和感を覚え、原田助教には相手や状況に合わせた人間関係を構築することの苦手さがある可能性も考えた。ただし、まだ原田助教の情報が少ない現段階では明確なことは言えないため、まずは相田さんの安全確保について検討する必要があると考えた。

以上の考えに基づいて、相談員は小川教授と共に、以下の二点を中心に検討した。一つ目は〈相田さんの修学サポート及びハラスメント問題としての救済的措置について〉である。小川教授が立場上、相田さんの修学環境の安全に配慮する義務があることを丁寧に説明しながら、具体的にどのような対応をしていくことが望ましいかについて話し合いを行った。ただし、研究室の持つ雰囲気やその時の状況によって適切と思われる対応は異なるため、相談員らは積極的に解決策を提案するのではなく、効果が期待できると小川教授が思えるような介入方法を模索していった。その結果、相田さんについては、今も調子が悪そうではあるが研究室に出てきているとのことであったため、週に一度は15分程度でも時間をとって研究の進捗とともに心身の不調について確認する機会を設けてもらうこととなった。また、相田さんがハラスメント問題として制度利用なども検討するのであれば、本人の来談が必要となってくるため、相談員から小川教授に簡単に制度について説明を行い、必要な場合はハラスメント相談室への相談を促してもらうよう伝えた。

二つ目は〈原田助教の態度が変わらないことについて〉である。研究室内では管理的立場にある小川教授の注意喚起に原田助教が応じなければ、相田さんの修学環境が悪い状態は今後も継続することになってしまうため、機会を見て改めて小川教授から原田助教に注意喚起をしてもらうこととなった。その際、学内のハラスメント防止に関するガイドラインなどを示す方法なども検討した。もし、再度の注意喚起後にも変化しない状況が続けば、場合によっては、さらに立場が上である大学院長への報告や相談を行うことも必要であると考えられることを伝えた。

c　相田さんの来談

小川教授が来談した数日後、相田さんがハラスメント相談室に来談した。小川教授との面談において主担当をした相談員が話を聴くことを避けるため、別の相談員が面談を担当した。なお、小川教授が来談していることは、守秘義務があるため相田さんには絶対に伝わらないよう十分注意しながら面談を実施した。

相田さんの相談の主訴は「原田助教の言動について、小川教授に相談して直接注意してもらったが、原田助教の言動をハラスメントの問題として扱うなら自分で相談に行く必要があると小川教授から聞いた。自分がどうしたいかはまだわからないが、まず相談してみようと思った」ということだった。これまでの経緯を聞いた上で、現在の状況について確認すると「先輩の上山さんが間に入ってくれたり手伝ったりしてくれているので接触の頻度は少し減って体調は少し楽になった。でも、原田助教の態度は全然変わっていないと思う」「今後また同じようなことが起きるのではないかと思うと研究に集中できない。原田助教のスリッパの音が廊下から聞こえると、頭が働かなくなってしまう。どう対応したらよいか知りたい」と語った。

最近も「夜中急に原田助教から携帯に電話がかかり、大学に呼び出された。電話では理由を言わずにとにかく来るように言われたので、慌てて行くと、実験室の管理について簡単な注意があった後、実験器具について一方的に熱く語り出し、その後2時間ほど話を聞かされた。その実験器具は他の学生が使っていて自分の実験には使わない。実験室の管理上、不必要な知識とは言わないが、不可解に思った」と原田助教の言動に振り回されていることが語られた。また、原田助教については、その他にも空気を読まずズケズケと踏み込む発言があったり、予定の変更に急に怒り出すことがあったりといったエピソードが語られた。相田さんとしてもはじめは「大学の先生はそんなものかな」と思っていたが、最近はそれでも辛く感じるということだった。

相談員が相田さんの相談に対し考えたことは、まず、相田さんの印象について、とてもおとなしそうな雰囲気であり、話しぶりからは、今の研究分野に対する強い興味関心は垣間見られるものの、同時に心身の疲労からこのまま原田助教のペースに合わせて研究を続けていくのは難しいと感じているだろうということである。また、相田さんの話は、小川教授から聞き取った相談内容とほぼ同じであり、整合性が取れていた。小川教授が来談後、再度注意喚起をしたかどうかは判然としなかったが、少なくとも原田助教の態度に変化はなく、上山さんのおかげで多少は距離を取れているとは言え「今後も同じようなことが起きるのでは」という不安も頷けた。さらに、相田さんから聞く原田助教の言動からは、小川教授から話を聞いた際に推測された、コミュニケーションのあり方が独特であることや融通の利かなさ、感情のコントロールの問題などがよりはっきりしてきた印象であった。

以上の考えから、相談員は問題解決について相田さんと共に以下の2点について検討した。一つ目は〈原田助教への対処について〉である。ハラスメントの認定は所定の手続きが必要になるため、原田助教の言動がハラスメントかどうかは相談室では判断できないが、少なくとも相田さんが非常に苦しい思いをしているのは間違いないため、物理的にも心理的にも距離を取ることは重要な対処であることを伝えた。その上で、上山さんや小川教授等、研究室内に相談できる相手がいるのはとても重要なことであり、一人で抱え込まずに今後の原田助教との関係についても継続的に相談できる人に相談していくことを勧めた。二つ目には〈原田助教のこれまでの行為について〉である。ハラスメント問題として何らかの対応を求める場合は、学内の苦情中立制度の利用を検討することができると伝え、制度について詳しい説明を行うと同時に、苦情中立をすることのメリット、デメリットについても併せて情報提供を行った。それに対し、相田さんは「検討してみる。ひとまず、小川教授と相談して決めたい」と話した。

ｄ　事例の経過ⅱ

X年11月半ばになって、原田助教が再び相田さんに対して時間を問わず、また休日であっても、ＳＮＳ等で実験の指示を頻繁に行ったり、その作業が期限内に終わらない時に周りが驚くほど大きな声で30分ほど叱責をしたりするということがあった。それまで何とか研究室には来ていた相田さんは、それ以降再び大学を休みがちになった。

週に一度短時間でも相田さんと会うことを継続していた小川教授は、相田さんから大学を休んでいることと現状について話を聞き、原田助教を呼び出した。そして「相田さんへの扱いは他の学生と違い、あまりにもひどすぎる。相田さんには体調不良もあるのにそれに配慮せずに深夜、土日まで大学に来るような指示をすることは非常に問題だ」と厳しく注意した。すると、原田助教は「相田さんの体調不良は知っていたが、10月に一週間休んだ後は元気になった。だからまた同じように指示しただけ」と弁明した。加えて「体調不良で休んだ時に無理して呼び出すことはしてないし、理由も風邪と聞いた。風邪なんて自己管理の問題。深夜、土日に大学に来ることについても、相田さんは他大学の他分野専攻だから、研究者として基礎的な知識を習得するためにも必要な業務。本人も研究職を目指すと言っていたので、あれくらいの業務を行う力が必要だし、休んだ分、他の学生との遅れを取り戻すように頑張るのは当たり前のこと」と反論した。

小川教授は原田助教の受け答えに対し、学内のハラスメント防止に関するガイドラインを示しながら「相田さんに対する言動はハラスメントになる」と再度厳しく注意し「同じような言動を続けるようなら、大谷大学院長にも報告し対応を検討してもらう」と原田助教に伝えた。

ｅ　原田助教の来談

X年11月下旬、原田助教がハラスメント相談室に来談した。主訴は「学生の指導のことで、ハラスメントとして訴えられそう。学生と小川教授が結託して自分を悪者にしているよう。どうしたらよいか」ということだった。面談の担当者については、可能な限り相談者らに不利益が生じることがないよう小川教授や相田さんの面談で主担当を担う相談員が担当しないようにするなどの対処をした。当然ながら、小川教授や相田さんがすでに来談していることは原田助教には絶対に伝わらないように細心の注意を払いながら面談を実施した。

来談の経緯について尋ねると、原田助教は「小川教授からきみのやっていることはハラスメントだと言われたが、なんのことだか意味が分からない。自分は研究業績をあげるべく努力しているし、学生も研究を行うことが本人のためになると考えている。研究室には貢献している。その学生にしても風邪を引いて休むなど、だらしないところがある。研究者になりたいと言っているから、必要なことを指示しているだけなのに、それをハラスメントと言われても困るし、ちゃんとやってもらえないと実験や研究室業務の運用の計画がおかしくなる。今回、小川教授はなぜか立腹した様子で大谷大学院長に言うなどと言っていた。今後私は解雇されてしまうのではないかと不安でたまらない」と現在の心情を語った。

また、相談員が相田さんのことについて尋ねると、「その学生は最近、私の言うことを聞こうとしない。私が話していても下を向いているし、避けようとする。予定していた実験の日に休むこともあり、さぼりがち。残ってでも実験を進めさせないといけない。小川教授から指摘された休日の作業のことも、もともとはその学生と話している時に、他分野から来たこともあり、知識量が足りないのが心配ですと言っていたから、ちょうど実験室の管理など休日の作業に追われて私も自分の研究が進みにくい状況だったのもあって、本来学部生でも経験している実験器具や実験のサンプルに触れる経験をさせようと思い、休日の作業を全部本人に任せただけ。教育の機会は均等にあった方がよい。経験のない学生に経験だけでも追いつくよう指示しただけ。それを急にハラスメントと言われても困る」と述べた。

相談員が原田助教の相談に対し考えたのは、まず、原田助教について、自分の行いについて弁明するというよりは、何が問題とされているかについて本質的には分かっておらず、むしろ自分を被害者と捉えている様子があったことである。また、話の内容から確かに研究に対する意欲が高く、相田さんに対する指示も良かれと思って行っているようであったが、やはり相手の感情や状況に対する理解に欠ける様子があることが見て取れた。また、相田さんへの厳しい言動については、小川教授から〈大谷大学院長に言う〉と言われたことによって、今後の見通しが持てずに不安とイライラが募っていたことが背景にあるのではないかと推測された。そのため、状況の整理と他者の感情や状況理解の視点を取り入れながら、現在の状況に対してどのようなことをすべきかという点について具体的な検討が必要と考えられた。また、相田さんの不調などには気づいていない様子であり、指示を与えた理由についてもやや一方的な主張であるように感じた。

そのような理解のもと、相談員は原田助教と共に、以下の二点を中心に検討した。一つ目は、学生への関わりについてである。原田助教の研究に対する熱意や努力は認めつつ、すべての人が原田助教と同じようなペースで研究に取り組むことができるとは限らないということについて、丁寧に説明を行った。また、学生は教員からの指示を絶対的に捉えてしまう場合があり、断れない関係が生じやすいことについても説明し、指示の内容や量を学生に合わせて調整する工夫が重要であることについて説明した。その上で、大学は学生の修学環境を整える契約上の義務があり、現状では小川教授が研究室の管理責任者であることから、学生に対しては小川教授の指示に応じて安全に配慮する必要があること、また、それをすることが原田助教自身の身を守ることでもあることを丁寧に伝えた。

二つ目に〈今後の見通しについて〉検討を行った。小川教授が大谷大学院長に話をするとしても、大谷大学院長からいきなり解雇されたりすることはないと考えられ、一般的には双方に話を聞いて対応するものであることを伝えた。また、状況としては、今の小川教授やその学生との問題は、小川教授がすでに大谷大学院長に相談をしているのであれば、大谷大学院長が対応を検討している段階であるだろうということを説明した上で、場合によっては、大谷大学院長にどのように対応すればよいかについて相談してみることを提案した。原田助教は、すぐに解雇されることがないことを聞き、ほっとした様子となり、緊張が解けたのか、小川教授が忙し過ぎて研究室の運営を自分に任せっきりにしているため、自分の研究が滞っていることなどについて不満を語った。

f　事例の経過iii

小川教授は、原田助教への注意後、ほどなくして大谷大学院長に事情について報告した。その相談を受けて、学生への具体的な対応について検討をしていたところ、原田助教も相談をしてきたため、研究室全体を対象とした対応を検討した。X年12月半ばになって、大谷大学院長は、原田助教、小川教授、相田さんそれぞれに対して面談を行うことになった。大谷大学院長はそれぞれの言い分を確認し、調整案を検討した。まず、原田助教に対しては〈相田さんへの業務指示は行き過ぎていること〉を文書で示した上で口頭でも注意を行い、学生への業務分担の際には小川教授の判断を仰ぐように指示した。さらに、相田さんへの指導は小川教授が行うことを提案した。

次に、小川教授に対しては、研究室の管理を原田助教だけに任せないよう、研究室の業務分担をもう一度考え直すように指示した。また、今後相田さんに不利益が出ないような指導体制を検討し報告するよう指示した。

最後に、相田さんに対しては労をねぎらい、今後も小川教授へ気軽に相談してよいことと、小川教授に頼れない場合は学内の学生担当教員や学生相談室等へ相談してもよいことなどを情報提供した。

（3）複数来談事例の対応の難しさ

以上、アカデミック・ハラスメントを想定した模擬事例を示した。ここでは、教員から学生への言動という典型的な関係を題材にしているが、大学内でのアカデミック・ハラスメントは学生同士、教員同士でも起こるものであり、技術系の職員が在籍することの多い理系の研究室では職員も当事者となることがありうる。他の章でも触れているように、ハラスメントの問題は組織・環境的要因の影響が大きい場合がよく見受けられるが、本模擬事例では多くの関係者が関わることの難しさを明確にするために、環境要因よりは相手方教員の個人要因を前景にした事例として構成した。このような状況にさらに環境要因が絡むとしたら、対応が一層困難になることは想像できるだろう。

また、相談体制によっては、相談室や相談員が積極的に他部署に介入する場合もありうるが、模擬事例２ではコンサルテーションと面談のみで対応した事例を想定している。大学によって相談体制は異なるものの、各部署の文化・風土を理解しないままに、第三者的に相談室が介入することは、二次被害を含む大きな混乱を生じさせる要因となりうる。ただし、緊急対応を要する事例に対応できるように、大学の管理部門がトップダウンで介入できる制度をあらかじめ設計しておくことが重要であろう。模擬事例２では、相談員が相田さんに説明を行った学内の苦情申立制度がそれに当たる。

ハラスメント相談においては、被害者や加害者とされる者だけではなく、それを目撃した第三者や当事者の所属している組織の管理運営責任者が来談することは少なくない。特に、管理運営責任者の立場にある者からの問題への対応についての相談に対して具体的な対応を検討する相談はコンサルテーションという枠組みで対応することが通常であり、ハラスメント相談において重要な位置を占める。最初にハラスメント相談室に来談した小川教授との面談はコンサルテーションとしての対応の一例であり、この対応のみで問題が収束する場合も見受けられる。ここでの相談員が留意している点は、被害者と加害者とされる者はもちろんのこと、深く関係する人たちの様相をできる限り丁寧に確認することである。ハラスメントが起きている場がどのような文脈を持っているかという理解をベースに解決のための方策を模索することが重要である。そのために、来談した人たちの意向を尊重しつつ、共に対応策を検討するというスタンスを保つことを心がけている。

模擬事例2では、小川教授に続いて被害者である相田さんがハラスメント相談室に来談した。ハラスメントの被害者が相談部門に相談するということは、想像よりもかなりハードルが高いものである。それは、自意識過剰と思われるのではないか、自分が我慢できていないだけなのではないか、と思ってしまう傾向があることも理由だが、同時に、相談したことが漏れるのではないか、漏れたことによって被害が拡大してしまうのではないか、ということも大きな影響を及ぼす。模擬事例2のように、まずは関係者が来談し、それを後押しとして当事者が来談につながるというルートは、比較的安心・安全感を醸成しやすい方法であるかもしれない。

実際の事例ではここまで経過が分かりやすいわけではないが、模擬事例2は、最終的に大谷大学院長が関係者それぞれにヒアリングを行った上で対応したことにより解決に至っており、ハラスメントの解決において部署内のマネジメントが十分に機能することが非常に重要であることを理解いただけただろう。特に、小川教授や相田さんに親身に対応し、大谷大学院長が管理者として迅速に対応と方針を明確化したことが解決の鍵となったが、大学の教員の多忙さや組織的な融通の利かなさによって、解決に時間がかかることの方が多いのが実情である。場合によっては、部署で解決に至らない時には、苦情申立制度のような学内のシステムを利用して執行部に属する委員会等がトップダウンで介入する必要も生じてくる。そうなるとさらに解決に至るまでに時間がかかってしまうこととなり、被害者の困難な状況が継続されてしまう恐れもある。そのためにも部署での解決がスムーズに行くように、早めに相談部署へコンサルテーションを求めるなどの対応ができることが望ましい。

（4）アカデミック・ハラスメントの予防と対応

最後に、本模擬事例で扱われたアカデミック・ハラスメントについて触れる。北中・横山（２０１７）によるとアカデミック・ハラスメントは「大学や教育の場でのセクシュアル・ハラスメント（セクハラ）以外の嫌がらせ、いわば大学や研究関係者の間のパワハラを指す」ものとされる。すなわち、起こる環境や関係性の違いがあるだけで、現象としてはパワー・ハラスメントとほぼ同じであると言えよう。にもかかわらず、パワー・ハラスメントとしてではなく、アカデミック・ハラスメントとして特に取り出される理由として、教育研究に関わる分野独特の特徴があるからであると言えよう。

一つは、アカデミック・ハラスメントが生じるのが、多くの場合「指導関係」という労働者とは異なる特殊な関係ということである。先の章でも触れられたように、パワー・ハラスメントについては、２０１９年5月29日に成立した「労働施策総合推進法」において、その定義が明確にされた。つまり、少なくとも日本においてパワー・ハラスメントは労働の場における問題と捉えられているということである。これはセクシュアル・ハラスメントが男女雇用機会均等法によって、その定義が示されていることも同様である。ところが、アカデミック・ハラスメントについて考えてみると、教員同士に生じたものであれば、その取り扱いは前述の法律に照らし合わせて労働問題として適切な部署が対応することとなるが、教員－学生間あるいは学生同士に生じたものの場合、そのような関係で行われた行為を特定的に禁止する法律はないため、学内の対応システムが十分でない場合には、加害者の行為を民法上の不法行為として損害賠償を求める、あるいは大学の使用者責任を問うなどにより、訴訟を起こさざるを得ないのである。また、昨今、取り沙汰されている大学病院における無給医の問題も、雇用契約が締結されていないために、もしハラスメントが生じた場合でも労働環境の問題として扱われないという点で、同様の状況を孕んでいると言える。

もう一点、アカデミック・ハラスメントの特徴と関連して挙げられる問題は、教員−学生関係における徒弟制的研究室運営の衰退とその潜在化である。かつての大学では、理系研究室においても文系研究室においても、教員が学生に対し明確な優位的立場を背景にトップダウンで指導を行うことが主流であった。しかし、徐々にそのような指導関係は良しとされないようになり、現在では教員の指導と学生の学費がトレード関係であると捉えるような契約的視点が主流になりつつある。その是非は、本論の趣旨ではないが、少なくとも現在の学生の認識としては、教員−学生関係が以前とは異なってきていることは言えるだろう。しかしながら、教員のすべてではないが、少なくない数が徒弟制的研究室運営、すなわち教員と学生を師匠と弟子という見方で捉えながらトップダウン的に指導する様式を継続しているために、一見、通常の指導関係に見えても教員側に徒弟制的視点が潜在的に残っていることが教員と学生の認識のズレを生み出し、アカデミック・ハラスメントを生じさせる土壌になっている可能性がある。本項で示した模擬事例2のように、教員が自身の研究に関する実験等について、大学院生に実施を指示することは一般的に行われており、これは研究スキルの向上や手技の習得といった点で、大学院生にもメリットがある。ただしそれは、適切な管理運営で行われている場合にのみ言えることであって、大学院生を単なるマンパワーとしてしか捉えていない（あるいはそう見えてしまう）ことにより、大学院生側に不満が生じることが、ハラスメント関係となるきっかけになることも少なくない。そもそも、徒弟制の視点で言えば、師匠（親方）は弟子（徒弟）を一人前に育て上げるために最後まで面倒を見ることが通常であり、そのような前提もないまま強権的に手伝いを強いることは、システムを自分に都合良く解釈して利用しているという点で倫理的にも問題があろう。アカデミック・ハラスメントに限らず、すべてのハラスメントに言えることであるが、相手の認識は自分のものとは異なる、という前提に立った教育指導関係を取り持つことが肝要である。

3　パワー・ハラスメントの事例

(1) はじめに――パワー・ハラスメントの定義と大学におけるパワー・ハラスメントの多様性

パワー・ハラスメント（以下、パワハラ）は、さまざまな立場における権威や権限を不当に行使することによる、他者への権利侵害と言える。厚生労働省（２０１２a）は職場のパワハラを「同じ職場で働く者に対して、職務上の地位や人間関係などの職場内の優位性を背景に、業務の適正な範囲を超えて、精神的・身体的苦痛を与える又は職場環境を悪化させる行為」と定義している。そして「職場内の優位性」は職務上の地位に限らず、人間関係や専門知識などのさまざまな優位性が含まれるとしている。２０１９年に日本でもパワハラ対策が法制化（職場におけるパワハラ防止のために、雇用管理上必要な措置を講じることを事業主に義務付け）されることが決まり（２０２０年に「パワハラ防止法」†150頁が施行）、法令においてもパワハラは、①優越的な関係を背景とした、②業務上必要かつ相当な範囲を超えた言動により、③就業環境を害すること（身体的もしくは精神的な苦痛を与えること）と定義されている（厚生労働省、２０１９）。

大学においては、教員、職員、委託業者などの立場（職種、職位）や目的（研究業務、大学運営業務）の違う労働者がいる上、それぞれの雇用も無期雇用、有期雇用、パートタイム、派遣などさまざまな形態であり、その違いが職場内の優位性となり、パワハラが起こる可能性がある。学生をティーチング・アシスタント（Teaching Assistant：大学院生などを雇用し講義などの教育補助業務を行わせる。以下、TA）、リサーチ・アシスタントなど、授業や研究の補助のため短期に雇用することや、学生が同じ所属のまま研究員、教員などの被雇用者になることもある。このような場合には、教員や職員、他の学生との関係が曖昧になりやすいと考えられる。

いずれの場合においても、さまざまな立場、さまざまな目的の者が存在する大学の中で、権限や知識、経験の差を背景に優位性が生じ、パワハラが起こる可能性があると言える。本項では、学生間、職員間、教員間のそれぞれの関係性で起こる大学におけるパワハラについて、模擬事例をもとに考察する。

（2）模擬事例３：学生間のＴＡの事例

〔相談者〕猫田さん、大学４年生

〔相手方〕猪山さん、ＴＡ、修士課程

大学４年生の猫田さんが出席している講義では、同じ部活に所属する先輩（修士課程）の猪山さんがＴＡを務めている。猪山さんは講義で発表した猫田さんを講義後に呼び止めて、「わかりにくい発表だった」「準備が足りないのではないか」などと厳しく注意することがある。それだけでなく、部活内で係分担をしている掃除の仕方、コーチへのメールの送り方についてなど、ことあるごとに猫田さんを叱る。猪山さんは他の学生にも厳しいが、猫田さんとしては特に自分に厳しいように感じられ、猪山さんから「そんなんじゃ社会に出てからやっていけないよ」「そんなことも知らないでよく今までやってこれたね」などと言われるため、自分の知識や経験が乏しいことを責められていると感じるようになり、落ち込んでいる。猫田さんの様子を見かねた同級生が、講義担当の教員に相談したことで教員の把握するところとなった。

ａ　大学内における学生の多様な立場

この事例では、修士課程の先輩、学部生の後輩という関係、部活の先輩後輩という関係で、立場の違いがあり、経験や知識に差があることが窺える。この事例のように学業上の上下関係がある場合にはパワー・ハラスメントとアカデミック・ハラスメントの区別がつきにくく、アカデミック・ハラスメントとして相談が持ち込まれることもある。猪山さんは先輩であるという自負や、TAを担っているという責任感を持っているのかもしれない。当然、先輩後輩関係の中で学ぶことや、相互に指摘しあう中で成長につながることもあるだろう。しかし、猫田さんは先輩から厳しく叱責され、尊厳を傷つけられることで、安心して学ぶ機会を奪われているのである。この事例では、例えば教員が間に入って「学生指導は私の役割ですので、猪山さんは自分の仕事に専念してくださいね。後輩のことを気にかけてくれていて大変ありがたいので、気付いたことは私に教えてください」と伝えることが有効かもしれない。そのためには教員が日頃から学生たちの様子に気を配っていることや、学生が悩んだ時に相談できる教員でいることが重要である。

学生間で起こり得るハラスメントとしては、事例のような学業上の間柄で起こるもののほかに、学業以外の活動、例えば部活やサークル活動でのトラブルがある。問題解決にあたっては、大学内でその学生らの指導に責任を持つ教員などが間に入ることが考えられるが、大学や教員としては双方の学生の権利（学ぶ権利を保障し、不当な不利益とならないこと）を考えなくてはならないため、慎重な対応を要する。また学生間のトラブルの他に、顧問やコーチから受けるハラスメントもある。コーチなどの指導者は同じ部活やサークルの卒業生ということも少なくないため、学生の頃の関係性に区切りがつかないまま、また、当事者も気付かずに、長期間ハラスメント様の状況が継続している場合もある。ハラスメントを受けている学生が慣習だと思い被害に気づかず、あるいは気づいたとしても、関係性や雰囲気を壊すことを懸念して声をあげられないこともしばしばである。加えて、学生が行う学外での活動はボランティアや実習など多岐に渡り、他大学の学生や課外活動やプライベートな活動の関係者からもパワハラの被害を受けることがあり、その際には大学としてできることに制限が出てくることもあるが、学生の保護を最優先に対応を検討することが望まれる。

さらには、学生に限らず、大学に所属する学生や教職員が、学外者に対してパワハラの加害者になることも起こり得るが、その際は事実関係の確認が難しくなると同時に、構成員を守る視点だけではなく、構成員に対して厳正に対処する姿勢も必要になり、より一層対応が難しくなる。

（3）模擬事例４：大学の非正規職員が上司（正規職員）との関係でハラスメント相談に訪れ、対応がなされた事例

〔相談者〕犬田さん、大学の非正規職員
〔相手方〕熊山さん、上司

犬田さんは大学の非正規職員であり、現在の職場で働いて5年目になる。大学は法律に則り、5年を超えて働く非正規職員は、雇用期間の定めのない（無期雇用）職員への転換を申請できる規程を設けており、犬田さんも雇い止めの不安から抜け出すために無期雇用となることを希望している。しかし、3年前の人事異動で犬田さんの上司となった熊山さんは非常に厳しい人で、犬田さんが仕事のことを質問しても「はあ？この前も同じことを聞きましたよね？　その時の記録があるでしょう?」と言ったり、「何を聞きたいのかわからない。もっと不明点を明確にしてから質問してください」と言ったりするだけで、質問に答えてくれない。犬田さんは過去の記録を探したり、熊山さんに気付かれないように他の職員に質問し手助けしてもらったりしながら仕事を進めているため、業務に時間がかかり、その結果、締切ギリギリになってしまい、熊山さんから「こんなギリギリに出されて、間違いを直すこっちは残業確定ですね！」と嫌味を言われる。犬田さんはこのまま熊山さんの下で働き続ける自信がなくなってしまい、一方で再就職ができないかもしれないという不安もあり、退職する決心もつかず悩んでいたところ、いつもこっそり仕事の手助けをしてくれる同僚からハラスメント相談室への相談を勧められた。

ハラスメント相談室では犬田さんの相談を受け、犬田さんの同意の下、熊山さんよりも職位が上の上司に犬田さんの相談を共有し、犬田さんの就労環境の改善を依頼した。その結果、犬田さんは職務内容の近い別

の部署へ異動となり、そこでは安心して働くことができ、無事に無期雇用への転換の希望もかなった。

ａ　雇用形態による立場の違い――特に非正規雇用に焦点を当てて

大学において、職員同士のハラスメントは、背景に職務上の優位性があるという点で、いわゆるパワー・ハラスメントに当てはまりやすいだろう。そして、力の差が職務上の上下関係だけにとどまらず、職務の経験年数や正規雇用労働者‐非正規雇用労働者、直接雇用労働者‐派遣労働者というような立場の違いによってさまざまな優位性があるという点も厚生労働省の述べている通りである。特に、非正規雇用労働者においては、雇用が不安定で、低賃金で賃金上昇も少なく、能力開発機会も得られにくく、社会保障などの各種制度が適用されない、関係法令の適用を受けられない（受けられたとしても周知されていない）というような問題が指摘されている（厚生労働省２０１２b）。非正規雇用の労働者は、経済的不安もあいまって、雇用の打ち切りを恐れ、労働上の悩みや不満を職場で訴えにくい。職場でハラスメントの被害を受けたとしても、それを上司や組織に訴える（相談する）ことで、自分が厄介者とみなされ、あるいは相手方との相性の問題とされ、自分の雇用を打ち切られるかもしれないという不安から、我慢してしまう。派遣労働者の場合、問題はさらに深刻になりやすい。派遣労働者が派遣先でハラスメントに遭っても、派遣労働者・派遣元会社双方が派遣そのものの打ち切りを懸念し、派遣先会社などに問題を解決するように要望できなかったり、派遣する労働者の交代など、派遣先からの要望に従わざるを得なかったりと、より被害をこうむることになりかねない。

一方で、非正規雇用の労働者が正規雇用の労働者に対して強い態度をとることもある。正規雇用の労働者や上司に強い態度で不満をぶつけ、「改善しなければ辞める」と言うことは、人材を失うかもしれないという不安を持つ上司や職場にとっては「脅し」と感じることもあるだろう。

いずれの場合においても、労働者それぞれの雇用形態の違いが優位性の違いとなり、ハラスメントが起こりやすくなる。そして立場が違うために双方の状況や不安を理解できず、コミュニケーションのズレや軋轢《あつれき》を生むということも言えるであろう。

法律では当然、派遣労働者に対し派遣先組織も安全配慮義務を負うし、非正規労働者に対し、事業主は正規雇用労働者と同様に雇用主としての責任を負うため、各種相談に応じ、心身の健康に配慮する必要がある。しかし、ハラスメント問題は密室や閉鎖的な人間関係の中で起こることが多く、事実の調査や立証が難しい。また、パワハラやアカハラについては、職務上あるいは指導上の必要性と不当性の判断がつきにくい、いわゆるグレーゾーンが多い。特に大学においては、それぞれの教員が研究費等で財源を取得し、その専門に応じて必要な人材を確保していることがあるため、人材の雇用の仕方について大学が関与していないこともある。さらに限定的な業務のために非正規で雇用される労働者も多く、救済のための異動先が見つけにくいことや、そもそも前述したような雇い止めなどの不安から、上司への相談を相談者自身が希望せず、相談室としても対応に苦慮することがある。また、派遣会社など外部機関に所属する労働者が派遣（委託）先でハラスメントの被害に遭い、派遣元である組織に相談をした場合、派遣元組織が派遣先組織等への改善の申し入れや事実調査の申し入れをしようとする時、派遣契約そのものを打ち切りにされることを危惧することは前述した通りである。

大学においても非正規雇用の教職員が増え、その一方で正規雇用の教職員の業務負担が増している現状が窺え、非正規、正規のどちらの立場においても余裕がない状態であると考えられる。立場に関わらずすべての人が人間関係も含め仕事を円滑に進めるよう努めることは大切であるが、それぞれの人に時間的、精神的余裕がないことがそれを難しくし、ハラスメント問題の土壌になっていることも少なくない。すなわち、大学で働くひとりひとりが相手の立場を想像する、尊重するということや、コミュニケーションを密にとるということがおろそかになり、ハラスメント問題の生じやすい状況と言えるのではないか。このことがひいては大学が構成員にとって安心して学び、研究できる環境とならないばかりか、大学にとって優秀な人材を失ったり、研究成果も得られなかったりという損失になるだろう。

（４）模擬事例５：大学で働く教員間のハラスメント問題への上司の介入で状況が悪化した事例

〔相談者〕鳥田さん、准教授
〔相手方〕獅山さん、教授

准教授の鳥田先生は、同じ講座の上司である教授の獅山先生に、学生指導や自身の研究について相談をするようにしている。しかし、獅山教授は気分の波が激しく、それなりに質問に答えてくれる時もあれば、質問をしても「きみの教え方が悪い」とか「准教授なのに研究能力が低すぎる」などと批判をするばかりの時もある。そのため鳥田先生は常に獅山教授の顔色を窺い、獅山教授の機嫌を損ねないようにしてきた。しかし先日、鳥田先生の指導生に対して獅山教授が「こんなに論文の出来が悪いなんて、指導の仕方が悪いんだ。このままじゃ卒業は難しいだろうな」と言ったため、その指導生が泣き出してしまい、見かねた鳥田先生が獅山教授に抗議すると、「自分の責任を棚に上げて口答えするな！」と怒鳴られた。鳥田先生としては我慢の限界で「指導力がないのはそっちだろう！」と言ってしまった。

翌日、鳥田先生はハラスメント相談室を訪ね、「獅山教授からされていることはハラスメントだと思う」と相談した。相談室では、鳥田先生の相談、希望を踏まえ、講座のある研究科の長に事案を共有し、対応を依頼した。これを受けて研究科長は獅山教授に、「あなたのやっていることは学生に対しても鳥田先生に対してもハラスメントに当たる行為です。立場の弱い人のことを考えて、言動に気をつけるように」と伝えた。研究科長は注意喚起のつもりだったものの、この対応を受けた獅山教授はハラスメント相談室を訪れ、

「私は研究科長からハラスメントを受けた。そもそも、大学が私の話もきかずにハラスメントと認定したためにこんなことになってしまった。認定を取り消して謝ってほしい」と訴えた。ハラスメント相談室の相談員より「現状では大学がハラスメントと認定しているわけではなく、相談室は認定する立場にもない。あくまでも相談者が困っている状況に対して対応を依頼したのである」と説明し、獅山教授はある程度は落ち着いたものの、自身が鳥田先生に対して日ごろから抱えていた不満を語り、「研究科長の対応は納得いかない」と、釈然としない様子で帰っていった。

a　研究上では普遍的であり、業務上では流動性のある教員の立場

大学における教員間の関係では、研究上の指導－被指導関係の他に、教育業務、大学の運営業務における上司－部下関係という力の優劣や、立場が上位の教員が下位の教員の昇格人事の会議に出席しているなど、人事権を有していることもある。また教員の雇用形態もさまざまで、非常勤、有期雇用、無期雇用、または共同研究費による大学との直接的な雇用のない立場などの違いが見られる。さらにはある教員がその研究分野全体における権力を有し、大学内にとどまらない影響力を持っている場合がある。実際にはそれほどの権力がない場合においても、立場の劣位な教員からは研究者生命を左右される相手として畏怖されることがある。

そういった中で、教員間におけるハラスメントとしては、指導学生を持たせてもらえない、授業担当を外される、自身の業務に関することを会議で勝手に決定される、昇格を妨げられる、というようなさまざまな被害相談が寄せられる。しかし、同じ組織内の教授や准教授、学部長や研究科長という立場（肩書）によって権力を有するかどうかには、学問分野や教員個人の性格や考え方によるところがある。そのため、上司から部下への注意・指導では事態が好転せず、むしろ模擬事例5のように、別の被害相談へとつながることも

少なくないのである。問題解決や被害者の救済のためには、相手方とされた者からも事情や意見を聴取するなど、公平な対応を心がけつつも、上位の立場の者が毅然とした態度で部下の言動を注意することが望ましい場面もある。近年ハラスメントが注目されるようになり、上位の立場の者が注意することでかえって自身がハラスメントで訴えられることを危惧するということは、大学に限らず見られることと思うが、「ハラスメント」という言葉を敬遠するのではなく、互いに相談し合える関係性の構築が望まれる。

b　大学の教員間でハラスメント対応を行う際の難しさ

大学は学生にとってより良い修学環境を提供する、研究環境を整えて、大衆の利益に資する研究成果をあげるなど、大枠の目標はあるにせよ、学問の自由、より良い研究のために、個々の教員は自らの裁量のもと、学生指導や自身の研究を行い、そのために必要な経費、人材は大学から供給されるだけではなく、自ら獲得、採用することもある。そして学生指導の上では試験の合否、単位、学位の認定、そして教職員の採用などについて、それぞれの学問分野の集合である学部や研究科にその裁量が委ねられている。この状況下で長年いると、自身の持つ権力が当たり前のものとなり、権力を持っていることにさえ気付かないかもしれない。さらに自身が学生の時に、権威的、封建的な指導教員のもとで修学し、その中で認められ、一定の成果を生み出してきた経験を持つ教員は、自身の経験からも教員の権力を過重に捉えるかもしれない。

また非正規雇用が組織の中で慣習になり、当たり前のこととみなされていると、不当な扱いがあったとしても、「そういうものだから」ということで、不利益に対する訴えが救済されなかったり、被害を受けている方も「そういうものなんだ」と被害そのものに気付かなかったり、被害と感じても泣き寝入りしたりすることがある。また濫用ではなかったとしても、当たり前のこととして非常勤雇用や有期雇用がなされていると、その雇用の不安定さが与える負の影響を考慮することがなされないのではないだろうか。

大学の持つ文化、各研究分野における慣習、当たり前とされている規則（明示されていない暗黙のものも含め）が、広く世間の目に触れた時、疑問に思われること、不信感を抱かせること、不合理なことはないかという視点で、検証を行うことも、今日の大学には求められている。

（5）おわりに――解決のために

日本においても、法律でパワハラの防止措置義務が事業主に課されることとなった。事業主のパワハラ防止措置が有効に働き、組織として適切な対応を行うためには、組織がその意義を自ら認識し、主体的なハラスメント対策を講じることが重要である。そして組織に所属するすべての構成員（労働者のみならず、被害者や加害者になり得る者）に対策の意義が理解されるように周知する必要がある。法制化を一端として、国は働き方改革を行い、誰もが生きがいを持ち、その能力を有効に発揮することができる社会を目指そうとしている。そのためにはすべての人が、どのような立場であっても、互いを尊重する、働きやすい職場環境を目指すことが重要である。ハラスメント防止の観点からは、自らの持つ権力が、他者の権利を侵害していないかを意識するだけではなく、その恐れがあることを自覚することから始めなければならない。国が個人の行為を一律に罰する法律はないが、事業主としてのそれぞれの大学が構成員に対してハラスメントの禁止規定を定めるなど、学内規則の整備が必要と考えられる。

特に、組織の管理的立場にある者は、ハラスメントとは何か（被害者像や、予想される相手方の反論なども含め）、ハラスメントが組織にもたらす損失は何かを理解し、組織の構成員にハラスメント防止の意義を伝えること、万が一ハラスメントが起こった際には迅速で適切な対応を取る必要がある。また、すべての構成員に対し、ハラスメントをしてはならないということはもとより、雇用形態・就業形態などの立場にかかわらず誰もがハラスメント等で困った際に相談をしてよいこと、相談したことに対して不利益な取り扱いをしないこと等を周知するとともに、実際に相談があった際の受付窓口、事実関係を調査する手続きなどを整備し、実効性のある対策をする必要がある。さらに、周囲でハラスメントが起こっているかもしれないと気付いた時は相談や報告をするなど、傍観者にならないための第三者教育も重要である。

ともすれば、我々は自身の権力により他者を傷つけ、他者の権利を奪ってしまう恐れがある。つまり、大学のハラスメント防止対策においては、加害者、あるいは相談をした被害者個人の問題に帰することなく、誰もが被害者にも加害者にもなり得るということをすべての構成員が意識し、人権意識を高めることが重要である。

第3節　大学におけるハラスメント相談の専門性

第2節では、ハラスメント相談の対応例について模擬事例を用いて紹介した。本節では、大学のハラスメント相談における心理職の専門性について、ハラスメント相談に従事する心理職へのインタビュー調査の結果によって明らかにされた知見を紹介する。

Ⅰ　問題と目的

ハラスメントとは、多面的な問題であり、さまざまな専門家が関与している。例えば、法律や人権の視点から法律家が関わることがある。また、ハラスメントが社会問題化していくプロセスでは、女性に対するセクシュアル・ハラスメントが契機となっているため、フェミニズムの立場に立った社会学者の論考も多く見られる。そうした中で、近年では、臨床心理士や公認心理師などの多くの心理職がハラスメント相談に携わるようになってきた。第3章では、セクシュアル・ハラスメント、アカデミック・ハラスメント、パワー・ハラスメントなど、大学のハラスメントに関連するさまざまな事例を紹介してきたが、ハラスメント相談において、アセスメントやカウンセリング技術という点で心理職の果たすべき役割は大きいと思われる。

そこで本節では、大学のハラスメント相談における心理職の専門性に関するインタビュー調査の結果を紹介する。具体的には、ハラスメント相談の現場の実践からボトムアップに構築されたモデルを示し、従来の相談援助とハラスメント相談の違いや共通点について考察する。

2　方法

大学でハラスメント相談に携わっている相談員21名（女性14名、男性7名。うち臨床心理士18名、専任相談員15名）に対して、1～2時間程度のグループ・インタビューもしくは個人インタビューを実施した。得られたデータは、インタビュー・データをもとに理論化を図ることに適した木下（２００３）の修正版グラウンデッド・セオリー・アプローチ（以下、M‐GTA）により分析を行った。

3　結果と考察

M‐GTAによる分析の結果、表3‐1のように4個のカテゴリーと12個の概念が生成された。以下、カテゴリーは【　】、概念は《　》、定義は〈　〉、具体例は「　」を用いて表わす。

表 3-1　生成されたカテゴリーおよび概念

カテゴリー名	概念名
カテゴリーⅠ 【相談の枠組みの明確化】	概念①：≪守秘義務の範囲の確認≫ 概念②：≪大学の救済制度の説明≫ 概念③：≪チームとしての対応の強調≫
カテゴリーⅡ 【ハラスメント性の見立て】	概念④：≪臨床的アセスメント≫ 概念⑤：≪社会・環境のアセスメント≫ 概念⑥：≪力関係のアセスメント≫
カテゴリーⅢ 【外的現実への焦点化】	概念⑦：≪事実関係の整理≫ 概念⑧：≪相談者の希望の尊重≫ 概念⑨：≪問題解決に向けた支援≫
カテゴリーⅣ 【曖昧さの受容】	概念⑩：≪気持ちや感情の共有≫ 概念⑪：≪揺れへの寄り添い≫ 概念⑫：≪被害者寄りの中立≫

［千賀ら（2019）「大学のハラスメント相談における心理職の専門性」『臨床心理学』19（3）、352-360 より抜粋］

（1）カテゴリーⅠ【相談の枠組みの明確化】

本カテゴリーでは、ハラスメント相談での枠組み作りに関する３個の概念が集まった。

概念①《守秘義務の範囲の確認》

・定義〈不信感を持って来談する相談者に対して守秘義務の範囲について丁寧に説明し、確認すること〉

秘密を守ることは相談援助の基本だが、ハラスメント相談では、通常の相談以上に守秘義務の説明を丁寧に行うようにしている。ハラスメント相談では、相談者の安心への配慮が重要であり、情報が漏れる心配がないことが保障されることで初めて相談が可能になる。

・具体例「不信感を持っている方たちばかりなので、情報共有、誰にOKだとか、誰にしちゃだめだとか、その辺もまあ細かいけれども、これを確認する」（Qさんの語り）

概念②《大学の救済制度の説明》

・定義〈相談員としてできることとできないことを含めて、大学の制度について説明すること〉

ハラスメント相談では、環境の改善、相手からの謝罪など、外的問題の解決を求められることが多い。しかし、大学の制度として対応可能なことには限界があるので、まずは大学にどのような救済制度があるのか説明するように心がけている。

・具体例「私達はここまでしかできませんよっていうのをわりと、早めにちゃんと、線引きというか、しておかないといけない」（Sさんの語り）

概念③《チームとしての対応の強調》

・定義〈相談員個人ではなく、チームとして対応していることを強調すること〉

人事院規則10－10では、苦情相談を受ける際には、原則として2名の相談員で対応することが規定されている。そのため、大学のハラスメント相談では主担当と記録担当という形で2名で面接するなど複数で対応が行われていることが多い。また、相談員は、面接場面に限らず、チームとして対応している意識を強く持っており、一人の判断だけではなく、相談室として検討していく姿勢を相談者に伝えるように心がけている。

・具体例「ハラスメント相談の場合は、まあ、○○大学ハラスメント相談室として関わるので」（Cさんの語り）

（2）カテゴリーII【ハラスメント性の見立て】

本カテゴリーでは、ハラスメント相談における見立てに関する3個の概念が集まった。

概念④《臨床的アセスメント》

・定義〈パーソナリティの特徴や、発達障害、精神疾患の有無など、相談者個人に対する精神医学的・臨床心理学的な見立てを行うこと〉

必ずしも相談者が事実を話しているとは限らないため、相談者の認知の偏りの可能性を査定しなければ、ハラスメント性の見立てをすることはできない。また、相談者の心身の状態によっては、医療機関などへのリファーを視野に入れた緊急性のアセスメントをすることが重要である。通常のカウンセリングであれば、クライエントの成育歴などを丁寧に聴取することが可能だが、ハラスメント相談では、被害状況に焦点を当てた聴き取りを行い、クライエントの個人情報は扱わないことが多い。そのため、話の内容だけではなく、しぐさなどの非言語的な様子を含めた限られた情報からクライエントの心身の健康度などの見立てを行っている。

・具体例「電話口での声とかメールとか対面でも全部すべてがアセスメントにはなっていますね。でさらに医療的なね、必要性が。それはやっぱり緊急度に関わるので」（Qさんの語り）

概念⑤《社会・環境のアセスメント》

・定義〈社会情勢や相談者を取り巻く周囲の環境から、ハラスメントに関連する問題を見立てること〉

ハラスメント相談では、個人だけの見立てでは不十分であり、「個と環境の適合性」というコミュニティ心理学の視点からケースの見立てを行うことが重視されている。さらに深い議論として、環境自体のハラスメント性が高い場合、そこに適合しない方がよいため、適合性よりも環境自体を見立てることが大切ではないかという意見もある。また、既存の枠組みでの支援にとどまらず、社会の状況に応じて、制度変更までを射程に入れる必要があり、目の前のケースだけにとらわれるのではなく、社会・環境を俯瞰的に見立てていく姿勢が求められている。

・具体例「個人の内面という側に重心があるか、もう少しその環境、そういうところにフォーカスを当てるほうに重心があるかっていうことで考えると、両方大事だけど、どちらかというと状況へのフォーカスの度合いが強いのかな」（Kさんの語り）

概念⑥《力関係のアセスメント》

・定義〈ハラスメントに関連する力関係を見立てること〉

ハラスメントとは、力の上下関係がある中で、「上位の者」と「下位の者」という関係性を利用して、相手の自由を脅かすものである。そのため、ハラスメント性を見立てる上では、その前提となるパワーに対する理解が必要不可欠である。

・具体例「一番肝心なのは、その相談者に関わっている力関係がどうなのかっていうところを見ていかなきゃいけない」（Gさんの語り）

（3）カテゴリーⅢ【外的現実への焦点化】

本カテゴリーでは、ハラスメント相談における対応に関する3個の概念が集まった。

概念⑦《事実関係の整理》

・定義〈ハラスメントに関連する具体的な事実関係に焦点を当てながら情報を整理すること〉

クライエントによってはメールや録音データなどを持参してくることもあるが、そうした証拠が重視されるのもハラスメント相談の特徴の一つである。こうした事実確認においては、クライエントの訴えを吟味し、クライエントの主観的な気持ちと客観な事実など、心的現実と外的現実の両方を捉えるように心がけている。

・具体例「事実と、その方が思われている事実っていうことを整理して聴くようには心がけています」（Rさんの語り）

概念⑧《相談者の希望の尊重》

・定義〈外的現実の解決に向けた相談者の希望や主体性を尊重した対応をすること〉

ハラスメント相談員は、自らの言動によって相談者の主体性を奪ってしまわないように配慮している。特に、ハラスメント相談とは非常に複雑なものであり、相談員がよかれと思ってしたことが、かえって相談者にとっての不利益になってしまうことすらある。ハラスメントの被害によって損なわれている主体性の回復という臨床的な側面からも、相談者の希望を尊重することには非常に意義がある。

・具体例「どういう選択肢を今したいのかどうかとか、決断する時のお手伝いとか、どうしたいのか、主体的に自分が選ぶ感覚にどうなってもらうのか」（Nさんの語り）

概念⑨《問題解決に向けた支援》

・定義〈相談者の要請に応じて、具体的な問題解決に向けた支援を行うこと〉

ハラスメント専任の相談室の場合、「ハラスメント」という看板を標榜していることで、外的な問題が持ち込まれやすい。そうした中で、相談員は、まずは相談者の外的なニーズに対応しつつ、内的な課題の視点も持ちながら援助している。

・具体例「ハラスメント相談って（中略）やっぱり外的な問題がない相談っていうのは、どちらかと言う

と少ないんじゃないかなという気がします」（Cさんの語り）

（4）カテゴリーⅣ【曖昧さの受容】

本カテゴリーでは、ハラスメント相談における基本姿勢に関する3個の概念が集まった。

概念⑩《気持ちや感情の共有》

・定義〈相談者の感情的な訴えを受容・共感し、情緒面を支えること〉

ハラスメント相談員は、クライエントの訴えを傾聴し、ハラスメントに関連するつらい体験を共有することを重視している。ハラスメント相談では、クライエントの怒りや不安などのネガティブな感情を適切に扱うことが求められるため、カウンセリングのトレーニングを受けた心理職がハラスメント相談を行う意義は大きい。

・具体例「どうしてもきつい思いをしていて来られているので、よく話を聴いた上で本人がどういう風に感じているかというのを、きちんと理解して伝え返してあげるというのは、相談段階ではとても大事だなという風に感じているので」（Eさんの語り）

概念⑪《揺れへの寄り添い》

・定義〈ハラスメントであるかどうか白黒はっきりさせ、具体的な解決を図ることにこだわるのではなく、曖昧な状態の中で相談者とともに揺れながら支援すること〉

ハラスメント相談は、前述したように外的な問題が持ち込まれやすい現場である。しかし、その一方で、ハラスメントとは、白か黒か明確に線引きできる問題ではなく、具体的な解決策を見つけることが困難なことも少なくない。そのため、実際のハラスメント相談では、クライエントの外的な問題だけを扱うのではなく、そこから生まれている苦悩などの内的な葛藤に寄り添いながら援助している。

・具体例「揺れに寄り添えるというのは何か心理職ならではでもあるのかなと」（Ｍさんの語り）

概念⑫《被害者寄りの中立》

・定義〈被害者寄りの中立的な立場を維持できるようにすること〉

　ハラスメント相談において、相談員は、被害者だけではなく、加害者とされる者、さらには協力者や関係者の視点も意識しながら、なるべく中立的な姿勢で援助をするというバランス感覚を大切にしている。

・具体例「自分のスタンスが完全に被害者寄りにならない。中立でちょっと被害者寄りくらいな感じのところをうまくキープして、できれば間に立つ通訳的なところで」（Ｂさんの語り）

（５）モデルの作成

　以上の生成されたカテゴリーと概念の関連を分析した結果、大学のハラスメント相談における心理職の専門性として図３-２のモデルが得られた。このモデルでは、ハラスメント相談員の役割である【外的現実への焦点化】と【曖昧さの受容】が重なり合っていることをベン図で表わした。また、【相談の枠組みの明確化】の中で行われることがハラスメント相談の特徴であるため、これらを枠によって囲んだ。【ハラスメント性の見立て】は、すべての援助プロセスを支えるものであり、時には大学の制度対応のあり方を含む枠組みの変更を検討する際の視点にもなりうるものであるため、枠の外の下部からの矢印として描いた。

　以下、ストーリーラインによって、モデルの説明を行う。

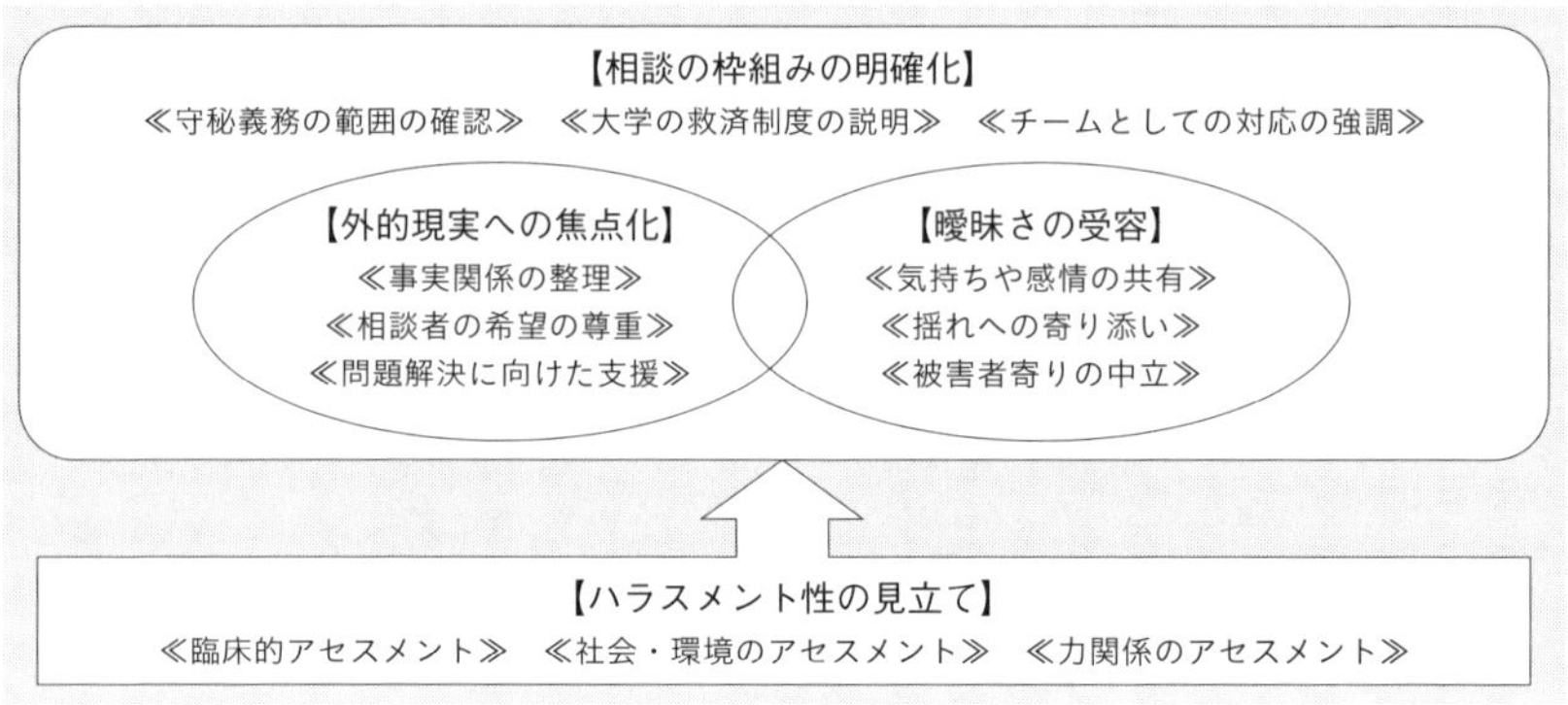

図3-2　大学のハラスメント相談における心理職の専門性

［千賀ら（2019）「大学のハラスメント相談における心理職の専門性」『臨床心理学』19（3），352-360頁］

◉ストーリーライン

ハラスメント相談のクライエントは、大学に対する不信感や相談内容が漏れることへの不安を抱えながら来談することが多い。そのため、相談員は、通常の相談援助以上に《守秘義務の範囲の確認》を意識して対応している。また、相談員として対応可能なこととそうではないことを含めた《大学の救済制度の説明》、さらには《チームとしての対応の強調》といった【相談の枠組みの明確化】を試みている。

心理職の重要な役割の一つは見立てであり、ハラスメント相談員は、クライエントの心身の状態によっては医療機関等につなげるなど、《臨床的アセスメント》という形で、専門性を発揮している。さらには、ハラスメント相談における見立ては、個人だけではなく、社会に開かれているものであり、《社会・環境のアセスメント》や《力関係のアセスメント》などを総合的に捉えることで【ハラスメント性の見立て】を行っている。また、ハラスメントに関連する制度の整備が立ち遅れているため、相談員によっては、社会の状況等と照らし合わせて、既存の大学の制度や対応のあり方そのものの改善を目指すソーシャル・アクションのような働きかけまで視野に入れている。

通常のカウンセリングではクライエントの内的課題がテーマと

なるが、ハラスメント相談では外的環境の問題が主訴として持ち込まれることがほとんどであり、《問題解決に向けた支援》が要請されることが多い。この際に、相談員はハラスメントに関連する《事実関係の整理》を行った上で、《相談者の希望の尊重》をしながら【外的現実への焦点化】を意識した対応を心がけている。

その一方で、ハラスメント問題とは、白か黒かはっきりしないグレーな部分が大きいため、【曖昧さの受容】という姿勢を大切にしている。具体的には、クライエントの《気持ちや感情の共有》や《揺れへの寄り添い》を行うことで、曖昧な事態を曖昧なまま抱えられるように援助を行っている。また、ハラスメント相談では、《被害者寄りの中立》というように加害と被害のいずれにも偏らないバランス感覚が要求される。そのため、チーム対応が必須であり、スーパービジョン体制の構築など、相談員が一人で抱え込むのではなく、相談しながら対応を行うことができる環境を作ることが重要である。

以上のように、ハラスメント相談においては、外的現実への問題解決が要請されるという点で従来の相談援助とは大きく異なるが、その援助プロセスにおいては、クライエントの主体性や自発性を尊重することが重要視されるなど、カウンセリングと重なる部分も多い。すなわち、クライエントの外的現実だけではなく心的現実についても丁寧に扱われており、大学のハラスメント相談員には、ケース全体を俯瞰的に捉えて総合的にアプローチするなど、高度な専門性が求められていると言える。

4　まとめ

第３章では、一般的なカウンセリングとの相違点などにも触れながら大学のハラスメント相談の特徴について説明した上で、セクシュアル・ハラスメント、アカデミック・ハラスメント、パワー・ハラスメントに関する相談の対応例を紹介した。さらに本節では、ハラスメント相談に従事する心理職へのインタビュー調査の結果から、大学におけるハラスメント相談の専門性について考察した。

ハラスメント相談は、「伝統的な心理援助以外の介入（組織内に存在する権力を適正に行使しての事実調査や環境調整や関係者の処分など）をまずもって必要とするもの」（中川・杉原、２０１０）という意味で、従来の相談援助とは明確に異なったものである。インタビュー調査の結果、【外的現実への焦点化】というカテゴリーが得られたように、ハラスメント相談では、内面に関わるだけではなく、とりあえずはハラスメントという現実への対処を優先するなど、ケースに応じて柔軟な対応を行う必要がある。

しかし、その一方で、「従来の相談援助は内界を重視し、ハラスメント相談は外界を重視する」という安易な二極化思考は避ける必要がある。インタビュー調査の結果からは、【外的現実への焦点化】と重なり合う重要な役割として、クライエントの内的な揺れに寄り添う【曖昧さの受容】というカテゴリーが抽出されている。そもそも相談援助は、「内的なもの」と「外的なもの」に簡単に分けられるものでもない。ハラスメント相談の専門性を考えていく上では、両者の違いばかりを強調するのではなく、むしろこうした重なり合う部分についての理解を深めていくことが重要である。

今回、紹介したモデルにある《相談者の希望の尊重》《気持ちや感情の共有》《揺れへの寄り添い》といった概念は、まさに従来の相談援助と共通する本質だと言える。ハラスメント相談で最も大切なことの一つは、クライエントの希望や意見を尊重することであり、クライエントの主体的な取り組みを支持する中で、大学のハラスメント救済制度を運用するという援助構造になっていることが多い。そのように考えると、ハラスメント相談とは、制度利用をして周囲の環境に働きかけていくという意味では「外的なもの」であるが、そのプロセスにおいて、クライエントの主体的な取り組みを引き出しエンパワメントすることに裏打ちされているという意味では、きわめて「内的なもの」と捉えることができる。このように外的環境の問題に注目しつつも、クライエントの葛藤に寄り添い、自発性を尊重しながら主体的な動きを引き出し、強めていく援助姿勢がハラスメント相談員には求められていると言える。

以上のように、内的世界と外的世界の相互作用に統合的にアプローチしていくところにこそハラスメント相談の専門性の意義があると考えられる。今後は、こうした臨床知を蓄積して、ハラスメントに関連する相談への対応のガイドラインやマニュアルなどを作成することで、ハラスメント相談の専門性のさらなる向上を図ることが望まれる。

第4章 これからの大学のハラスメント対応

ハラスメント対応は、ハラスメントかどうかを見分けて、不適切さがあった場合に対応する。ところが、このやり方は、ハラスメントが起きた後の対応になる。これからのハラスメント対応で重要なのは、対応後のハラスメント防止策である。ハラスメント防止策としては、まず、加害者とされた者（以下、加害者）への対応が必要である。また、学内の実態調査による現状把握やこれからの防止策の基本情報になる構成員の意識調査が挙げられる。さらに、構成員参加型の予防活動があると、啓発効果にも繋がって理想的と言える。個々の大学の文化や風土によって執行部のハラスメントに対する認識は大学間で温度差がある。これからは大学の執行部任せではなく、構成員の一人一人が、大学のハラスメント対応に問題意識を持ち、改善のために積極的に声を上げていかないと、いつまでも時代に取り残されてハラスメント被害は低減しない。みなさんの意見がハラスメント防止の大切なヒントになる。

本章では、これからの大学のハラスメント対応として、加害者への対応、アンケート調査および学生サポーター・ミーティングについて述べる。

第1節　加害者とされた者の相談および支援

これまでにも示してきたように、被害者の支援が必要であることは言うまでもないが、本節では加害者とされた者への支援について言及し、被害者と加害者の双方を支援することによってハラスメントの予防および再発防止につなげていきたいと考えている。

加害者という用語には、異なる境遇や意識を持つ人たちがいるにもかかわらず、一括りに評価してしまい、誤解を生みやすいニュアンスがある。ここで述べるハラスメントの加害者とは、ハラスメントの認定を受けてはいないが、加害者とされた者とする。調整[*]等でハラスメント対応をした後に、加害者だからという理由で彼らを排除するだけでは、ハラスメント問題が解決できたとは言えない。加害者を孤立させて、加害者以外の者を優遇するような姿勢は新たにハラスメントの被害者を作る構図になり得る。

今までのハラスメント対応をみると、大学は被害を訴える者（以下、被害者）への救済をハラスメントの問題解決のゴールとしている。ところが、救済だけではハラスメントは止められない。ハラスメントの被害を減らすためには、加害者に適切な支援を行う取り組みに目を向ける必要がある。多くの加害者は、ハラスメントであるとの認識はなかったと言っている。自分の言動がハラスメントに該当するかどうかは、誰かに

＊調整：被害者の修学・就労環境を整えるため、具体的な措置を提案・実施する手続きで、ハラスメント認定の有無に関わらないものである。

言われない限り気付きにくい。加害者が自分の言動に気付きがあってこそ、今後のハラスメントの被害を減らすことになる。気付きには他者の手助けが必要である。加害者の支援において、彼らの言動を振り返る機会を与えることで、加害者は、被害者の状況認識が自分の認識とまったく違うことに気付くことができる。一部の大学では、規程にハラスメントの認定を受けた者に対し、加害者への研修、支援、指導等を行うと定められている。ところが大学によっては、被害者に対してはサポート体制を整えていても、加害者に対しては相談の対応すらしていないところもある。

第2章でも示しているように、加害者への対応については、相談窓口運営上の課題としても挙げられており、対応の難しさがある。加害者が相談できる全学的相談窓口、もしくは、各所属内で相談できる受け皿があると、当事者双方にとって、また組織にとってもより適切な対応策が見つかるだろう。

本節では、予防的な観点を中心に加害者の心理および支援のポイントを模擬事例を通じて述べる。

I　加害者とされた者の心理

ハラスメントの加害者は、ハラスメントの認定をされていなくても、加害者とされたところで一瞬にして悪人というレッテルが貼られ、周囲から信頼をなくし、風評被害にもつながりかねない。その場合、加害者とされた者は冤罪の被害者にもなりうる。その意味で加害者は、被害者と言えなくもない。人間関係は相互的なものである。当事者それぞれにそれぞれの理屈があるが、加害者とされると周囲に信じてもらえない辛さがある。周囲は被害者に同情する。ハラスメント相談は、被害を訴えた者を救済することに重きをおいていることが多く、被害者意識が強く、事実関係に偏った認識がある相談者が来談した場合、加害者とされた者が実際被害に遭うこともありうる。一方である日突然、加害者と言われたと考える人は、自分の言動に気付いていない場合が多い。大学は、このような加害者の心情を理解し、加害者とされていることを伝える際、被害者が訴える加害者の不適切な言動を説明し、また、大学のハラスメント対応プロセスを説明する責任がある。大学が具体的な説明をしないで、一方的な知らせのみをしてしまうと、加害者は不当に感じてしまい、当然であるが被害的に受け取ってしまうことさえある。それによって、加害者のメンタルヘルスがダウンすることもあるため、重大な問題である。

ハラスメントの背景には複雑な人間関係が絡んでいることが多い。当事者にしかわからないこともあるだろう。ハラスメントの加害者とされると、真偽はさておき、話し相手がいなくなり、孤立無援状態になりやすい。多くの人は、加害者に関わることを避けたがるが、距離を取りながら付き合うことで関係を保てるのなら、それもやむを得ないだろう。加害者にとっては第三者に話を聴いてもらう等の心理的支援を受けることによって、敵意が緩和され、相手の立場に立って、問題状況を理解しようとする精神的余裕が戻ってくる。

加害者の心理は、時間の経過とともに、自分自身に関わるものを全否定されてしまうのではないかという不安や不信、怒り等、強い負の感情にとらわれる。研究室を運営している教員の場合、自分の研究室が、ハラスメント研究室、いわゆるブラック研究室との噂が広まり、学生から配属を希望されなくなるのではないかと、研究室の存続を含めて将来のキャリアまで不安になってしまう。

加害者の不適切な言動の程度は、軽微なものから深刻なものまでさまざまであるが、ハラスメントの加害者には条件さえそろえば、誰でもなり得るものである。当人が気付いていないだけで、周囲の人達からハラスメントの加害者とされているケースも少なくない。また、あるハラスメントの被害者が、別のハラスメント案件では、加害者となっているケースもある。加害者については、個人の問題として狭く見るのではなく、個人を取り巻く環境として関わる必要がある。加害者に対する見方を、みんなに迷惑をかける困った人とみるか、何かが不安で困っている人とみるかによって、加害者への接し方は変わるだろう。大学教員だから、あるいは能力の高い学生だからと決めつけてみてしまうと、当人が困っているところをつい見損なってしまう。教員も学生もそれぞれ困っているはずである。

2　加害者とされた者の相談および支援

加害者への支援については、予め規程やガイドライン等に盛り込んでおくと、支援の根拠となり、支援までの流れもスムーズに進むだろう。加害者への支援は、支援の手立てを示すことが重要である。ハラスメントかどうかを判断するのは簡単ではない。ハラスメントの認定の有無にかかわらず、加害者の支援においては、まず、加害者の意図を理解し、そこから背後に潜む根源的な問題を見出し、解決していく。支援の方針を決める際に、加害者の意向を尊重することが重要である。杉原（２０１７）は、決して敵対的にならず、事実を率直に話すことが、当人にとってももっとも有効なことなのだという前提を伝えながら、問いかけることが重要であると述べている。

ここに示すのは、ハラスメント相談でよくありうる事例を加工した模擬事例である。加害者も被害者も決して一様ではないが、支援の参考例としてイメージしていただきたい。

（1）模擬事例６：加害者とされた教員の相談

〔相談者〕赤井先生、教員
〔被害者〕白井さん、学生

〔来談経緯〕

赤井先生は、他大学から大学院に入学した白井さんを指導することになった。指導が始まると、白井さんは度々、他の学生の理解とは違う意味に受け取ることがあった。また、期日までに課題の提出ができず、研究についても、すべて指導教員に決めてもらうものだと理解していたため、赤井先生は、白井さんと面談したところ、白井さんから「細かいところまで説明してもらわないとわからない」と言われた。赤井先生は、他の学生との公平性を考え、白井さんの状況を研究室の指導学生に説明し、白井さんだけに特別指導をすることにした。その後、特別指導は手応えを感じるようになったが、白井さんは、学校を休むようになってしまった。白井さんに休む理由を聞いても、「すみません」と謝るだけだった。白井さんは赤井先生の指導が自分の望んでないところまで指示されていると感じ、指導を受けることが苦痛になってきたが、赤井先生にどのように話したら良いかわからなかったようである。また、赤井先生に何か意見を聞かれてもどう答えたらいいかわからなかったため、黙ってしまうしかなかった。白井さんは周囲に相談する人がいなかったため、退学するつもりで家族に相談した。後日、白井さんの家族から赤井先生に連絡があり、指導の仕方がハラスメントだと言われた。赤井先生は、今後の白井さんへの指導に困ってしまい、ハラスメント相談室（以下、相談室）に来談した。

〔面談過程〕

赤井先生は、学生への指導を記録したノートを持参し、時系列で白井さんの指導時の様子やコミュニケーションの特徴、自分が取った対応等を説明した。赤井先生は、学生を受け入れたからには責任を持って指導するつもりで、できるだけ白井さんにきめ細かい指導を行ったが、白井さんは他大学から入学したことで、基礎的な専門知識が異なっていて、学部生レベルで指導しないといけない状況であったため、特別指導は、思った以上に手間がかかった。徐々に赤井先生は研究や学内業務で忙しくなり、大学院生に対してここまで指導をしないといけないのかと疑問を抱きはじめ、自身の学生指導のポリシーとの葛藤でイライラ感が強くなった。そんな中、白井さんの家族から、赤井先生の指導はハラスメントだと言われたことでショックを受け、その夜から眠れなくなった。一人で考えても何が悪かったのかがわからないため、堂々巡りを繰り返し、不安が強くなったのである。

赤井先生は、相談員と面談を重ねるうちに、自らの学生指導の改善点について気付きがあった。それは、他の指導学生の前で白井さんの事情を説明したことである。また、特別指導のやり方について、事前に白井さんに相談してなかったことである。赤井先生は白井さんに意見を聞いても黙ってしまうことが多かったため、時間の余裕のない時は白井さんの答えを待たずに、白井さんに良かれと思う案を自分で決めてしまっていた。赤井先生の要望により白井さんや白井さんの家族は、赤井先生の意図や思いが伝わっていない可能性があるため、相談員の同席のもと、三者面談を行った。白井さんは、赤井先生の指導について感じたことを伝えることができ、今後の指導について具体的に話し合うことができた。また、白井さんの家族は、赤井先生の指導の意図がわかったことで安心できたようである。赤井先生は、白井さんのコミュニケーションの特徴を考えて今後も学生指導について面談を希望された。その後、継続的な支援が行われ、白井さんは無事に論文をまとめて卒業できた。

〔加害者支援のポイント①〕

ハラスメントの加害者とされているということを誰かに気軽に打ち明けて助けを求めるのは容易ではない。特に、ハラスメント認定を受けていない場合は、相談者自身も上手く説明できない状況があるだろう。秘密保持についての不安や相談員の専門性を含めて信頼できない要素があると相談を躊躇してしまう。大学の相談窓口を充実させることが望ましい。本事例のようにコミュニケーションに困難が伴う学生の場合、相談員は相談者と学生のコミュニケーションの特徴等を話し合い、指導する側とされる側双方にとって誤解が生まれないように、今まで上手くいっていた点と改善すべき点について振り返りを行う。相談員は、相談者を継続的に支援しながら学生を一緒に見守る対応を取ることが重要である。

（2）模擬事例７：加害者とされた教員への心理教育*支援

〔相談者〕大石先生、教員
〔被害者〕小石さん、学生

〔来談経緯〕

大石先生は学生指導についてのポリシーを持っており、学生が研究室を選ぶために訪問してきた際は、研究室のルールを説明する。小石さんは、研究室配属の前に大石先生の授業を受けたことがあり、大石先生の説得力のある話し方に憧れ、大石研究室を希望した。一方で大石先生は、将来、自分が研究室を運営する立場になったら、学生のために自分が指導教員にしてもらいたかったことを指導学生にしてあげようと決めており、そのやり方が、理想であると思い込んでいた。また、大石先生は自分の成功体験から学生達も努力すれば、研究結果を出せるのではないかと考えていた。学生指導の面では、学生は叱られてこそ伸びると思っていたため、研究室のルールを守らないとか研究の結果を出さない学生には、時間があれば、何時間も指導

＊心理教育：加害者とされた者が自分の不適切な言動を改善するため来談した場合、面談の目的、面談の回数等を相談員と話し合って決めて一定期間に定期的に行うものである。

した。

小石さんは、大石先生の言っていることは正論だと思っているが、厳しく感じるようになり、大石先生から言われたことや研究室のルールを守ることができなくなった。ルールを守らなかった日は、大石先生より長時間に渡って人格を否定するようなことを繰り返されたので、自信をなくしてしまい、大石先生が怖くなってしまった。夜眠れなくなり、医療機関を受診したところ、主治医より環境を変えることを勧められた。

小石さんは別の研究室へ配属変更を希望されたため、相談室や部局関係者で検討した上で、研究室の変更となった。その後大石先生は自分の学生指導に不適切さがあったかもしれないので、教えてほしいと自主的に来談した。相談員が心理教育を提案したところ、大石先生は了承し、心理教育を開始することになった。

〔心理教育の過程〕

Ⅰ期（一回～二回）来談の目的、来談に至った経緯、心理教育の回数、心理教育のゴール等について話し合う。また、学生指導のポリシー、小石さんに対する不適切な言動等を確認する。

Ⅱ期（三回～四回）心理教育を開始する。大石先生の内面の問題を考えるためにあらかじめ用意した課題を作成してもらい、課題の内容を中心に話し合う。例えば、提出期間になって不十分なレポートを書いてきた学生に対する不満等ネガティブな気持ちを話してもらう。学生指導の不適切なパターンに気付く。

Ⅲ期（五回～六回）大石先生と話し合い、学生の了承を得て、学生指導場面を録音して持参してもらう。録音を聞きながら指導の仕方について話し合う。例えば、学生の答えを待たずに質問を続けてしまう、声が大きすぎて学生は責められている感じがする、感情的な反応をする等の問題点である。

Ⅳ期（七回～八回）アンガー・マネジメントを実施する。感情をコントロールするのが難しく、それが原因で不適切な言動をしてしまったことに気付く。怒りの感情の特徴や仕組み、背景等を説明し、ワークを行う。

Ｖ期（九回～十回）心理教育を振り返り、気付いたことや今後同じ事が起きないように学生指導の仕方等について話し合う。

〔加害者支援のポイント②〕

大学により「個人研修」「カウンセリング」等の名称で行っている心理教育は相談者個々に合ったプログラムを作成する。実施期間や回数、目指す内容等については事前に相談者の意向を尊重して決めるため、さまざまである。まず、なぜこのようなことが起きたのかを一緒に考える。内面の問題と向き合うために、遡って過去を振り返ることでネガティブな体験による否定的な感情をはき出してもらう。その後、相談者の改善したい言動について具体的な対策案を話し合う。相談者の同意が得られたら、実際の学生指導時の音声データを用いて行き過ぎたところや改善策を話し合う場合もある。また、被害学生の一般的な心理状態、ハラスメントの影響等を具体的なところから感覚的に理解できるように説明する。不適切な言動を起こす背景に、自分の内面の問題が関係していることを本人が多少なりとも理解できるようになれば良い。一回の心理教育で完全に不適切な言動を止め続けるのは難しいため、今後、同様の不適切な言動をしてしまいそうになった場合、もしくは、してしまった場合は、早い段階で相談できるように相談員との関係づくりをしておくことが重要である。必要に応じてそのつど心理教育を積み重ねていく。

（3）模擬事例８：加害者とされた学生の相談

〔相談者〕外山さん、社会人学生

〔被害者〕内山さん、学生、外山さんの先輩

〔来談経緯〕

外山さんは、社会人として大学院に入学した。被害を訴えた内山さんは、外山さんの研究室の先輩であるが、外山さんより年下である。内山さんは多くの業績で研究室に貢献度が高く就職はすんなり決まっている。ところが、社会人の外山さんからすると、内山さんは、研究室の担当した役割をきちんとしていないように見えた。そのせいで、度々、外山さんだけが不利益を受けることが多くなったと感じ、自分へのいやがらせだと思うようになった。ある日、我慢できずに、外山さんは、研究室スタッフ全員宛に内山さんのきちんとしていないところを指摘するメールを送った。ところが、内山さんからは、謝りもなく、やり方は担当である自分が決めるものだと言い訳をしたので、内山さんとの関係は険悪になった。

外山さんは、研究室のルールは守るべきものだと思っていた。遅刻する学生やみんなで決めたことをサボる学生をみると、イライラし、ルールを守らせようと注意してしまう。内山さんを含めた学生達のきちんとしていない態度の問題について外山さんは指導教員に相談したことがある。指導教員は、ルールを守れない学生がいるのは仕方ないという考え方であった。むしろ指導教員からは、研究室の学生を注意するのは、研究室を運営する教員の仕事なので、今後、学生を注意しないように、と注意を受けた。外山さんは、社会人である自分の感覚では考えられない言動を研究室の学生達が平気でしているように思えて、ストレスが溜まるようになり、研究室の学生達との人間関係もぎくしゃくしてきた。毎日のようにルールを守らない学生を注意し続け、疲れて研究に集中できなくなってきた。一方で内山さんは、外山さんの言動に我慢できなくなり、外山さんの立ち位置をわきまえない言動がハラスメントだと指導教員に相談した。

ある日、外山さんは、再び、指導教員に呼ばれて内山さんからハラスメントの相談があったことを知らされ、注意を受けた。外山さんは、自分は正しいことを言っているのに、なぜ、自分がハラスメントの加害者とされたかが納得できないのと、また同じことをしてしまうかもしれないので、アドバイスしてほしいと相談室に来談した。

〔面談過程〕

外山さんは、ハラスメントの加害者とされたが、自分は被害者であると主張した。また、ルールを守るのは当たり前だと思っているが、研究室では当たり前ではないことに違和感を覚えていた。研究室のルールを守り、正しいことを言っている自分が責められる環境はおかしいと主張した。また、指導教員が学生指導をしないがために、研究室の年長者である自分が注意したのだと説明した。相談員は、外山さんの言っていることは間違ってはいないが、大学と会社の組織文化が異なることを説明し、それぞれの組織の文化の違いについていくつかの例を挙げて話した。

外山さんは、大学院に進学した目的が明確であり、研究したいテーマは他の研究室ではできないことを理解していた。相談員との話し合いでは、論文をまとめて卒業するまでは今の研究室で研究を続けたいという意思を確認した。ただ、ルールを守らない学生に対して今まで自分が注意してきてしまったため、他の学生との関係も悪くなったので、今後は学生の言動に納得いかないことがあった場合は、まず、指導教員に相談し、判断を委ねることにした。後日、指導教員との話し合いは無事に終わったと報告があった。その後外山さんの来談はなかったが、卒業の時期に挨拶に来た。外山さんは、相談室で相談した後、自分の考え方や価値観は何も変わっていないが、自分が損しないために、研究室の学生とは割り切って関わるしかないと決めて論文作成に集中したとのことであった。

〔加害者支援のポイント③〕

本事例のような相談者には、一方的に自分の意思を伝えることは、対人関係に影響を及ぼし、ハラスメント誘発につながることを指摘する。異文化背景の学生、例えば、他大学からの編入生、社会人の大学院生、留学生等には、それぞれ大学の文化、風土について話し合い、異なる感覚を認め合うことで被害感が軽減できるように支援する。さらに、こだわりが強く、周囲の人達にも同じことを求める傾向がある相談者の場合は、第三者として相談員の感想、例えば、価値観を押し付けられて攻撃されたように感じた等と伝えた上で、こうした言動のデメリットについて話し合い、今後の振る舞いを整理していけるように支援する。相談員が相談者の主張の背後にあるニーズ、つまり、どうしたいのか、どうなってほしいのかを発見できれば、相談者は相談員の指摘に納得し、早期に状況の受け入れができるようになる。

（4）模擬事例9：加害者とされた学生の相談

〔相談者〕青木さん、学生、黒木さんの先輩
〔被害者〕黒木さん、学生

〔来談経緯〕
ある日、青木さんは、指導教員に呼ばれ、相談室から調整の依頼があったことを伝えられた。調整の内容は、後輩の黒木さんが、青木さんの言葉がきついので、院生部屋の変更を希望しているとのことであった。青木さんは、黒木さんだけではなく他の後輩に対しても同じ言い方をしていて、黒木さんが嫌がるそぶりはなかったため、嫌がっていると気付かなかった。青木さんは、相手の表情だけでは相手の気持ちはわからない方であった。指導教員に注意を受けた際、今後一切、黒木さんに関わらないようにと言われたが、具体的にどうしたらいいかがわからなかった。指導教員から、何か話したいことがあったら、相談室に行くようにと言われたので、来談したとのことであった。

〔面談過程〕

青木さんは、これまで誰かから言葉がきついと注意を受けたことがなく、誰かと大きなトラブルになったこともなかったので、今回の指導教員からの注意は納得できなかった。黒木さんを含めた入学したばかりの後輩達と仲良くなるために軽くいじり程度の言い方をした。テレビのお笑い番組等で相手をからかって相手が驚いている姿をみんなが笑ったりしてその場を和ませるつもりだった。黒木さんを傷つけるつもりはなかったが、黒木さんが傷ついたのなら、直接会って謝りたいし、今後、どのように接してほしいのかを聞いてみたい。相談員の同席のもと、黒木さんと話し合いをしたいと申し出があった。

相談員は、黒木さんに連絡し、青木さんの申し出を伝えた。後日、黒木さんより、謝罪を受け入れたいと返事があった。黒木さんがそう決めた理由は、今後、院生部屋を変えても授業等で青木さんと顔を合わせることになるため、気まずい思いは避けたいとのことであった。また、謝罪の場への指導教員の同席の要望があったため、相談員は、指導教員の同席について青木さんの同意を得て、指導教員に連絡し、連携することになった。

相談員は事前に当事者双方と別々に面談し、話し合いの場の流れや注意事項を説明した。当日、青木さんは、早く仲良くなるため砕けた話し方をしたという意図を伝えて謝った。黒木さんは青木さんの言葉がきつく、怖くなったという気持ちを伝え、今後は、挨拶程度の関係が良いと伝えた。

後日、青木さんが来談し、今回の件をきっかけに自分を振り返ってみたら、今まで特に問題になることがなかったのは、成績が上位だったため、学校の先生達が大目にみてくれていたからかもしれないと気付いた。また、相手の表情を読み取るのが難しく、あいまいな返事をされるとどのように解釈したら良いかがわからないので、これから周囲とのコミュニケーションについて相談したいと希望した。相談員は青木さんの成育史や困り感を確認し、青木さんの特性に対して、学生生活への支援が必要と判断し、青木さんの同意を得て、学内の適切な相談窓口に依頼した。

〔加害者支援のポイント④〕

ハラスメント相談の対応後も、加害者もしくは被害者のどちらかが納得できない気持ちをずっと心の中に抱えたまま同じキャンパスで生活を送ることがある。大学は、構成員が安心できる修学・就労環境を用意しなければならない。謝罪等当事者双方のニーズがあれば、対応後のフォローアップとして相談員は、謝罪の場を設けて当事者間の関係改善のために支援する場合がある。謝罪は、関係改善の糸口になる。双方が直接相手の態度や表情を見て、聞きたいことを訊くことで謝罪の真意が伝わるだろう。また、ハラスメント問題をきっかけに来談した相談者の中には、自分の内面を振り返る作業を通じて認知の偏りや対人関係のトラブルの原因等に気付くことがしばしばある。その場合、相談者の要望を尊重しながらより適切な学内の相談窓口、例えば、保健管理室や学生相談室等への円滑な連携支援を行う。

3　まとめ

大学のハラスメントは、雇用形態の問題や構成員の多様化等多くの要因が重なって起きている現象とも言えるため、大学の様々なひずみの現れということもある。一方的に加害者を責めるだけでは問題の本質がぼやけて、解決からは遠のいてしまう。また、ハラスメントの被害を最小限に止めるためには対応のタイミングがポイントになる。大学が相談の初期に適切に対応せず、相談者からの対応要請を放置したことで、被害者が個人で対応せざるを得なくなり、被害と加害が絡み合い、ハラスメントの被害者の立場のはずが加害者の立場に転じてしまうケースもある。ハラスメントの悪化を未然に防ぐという観点では、相談の内容を慎重に吟味し、注意深く、迅速な対応を取ることが必要である。ハラスメントの認定にかかわらず、加害者に対して不適切と思われる言動への注意は必要である。しかし、本人に詳しい判断の根拠を示さずに、学生指導をさせない等の強い措置を取る場合、逆に大学側が優越的な地位を濫用したと訴えられる可能性がある。加害者が不利益な扱いを受けたと感じたときに、加害者が自分の主張を大学側に伝えられずに不本意に退職に追い込まれてしまうことは、大学にとっても大きな損益になる。加害者が相談できる窓口の設置、また是正措置を求められるような規程を設けることが重要である。

ハラスメント救済に関わる職務は、被害を訴える者と加害者とされる者の双方に関わるため、公平性が求められる。ハラスメント救済に関わる関係者がハラスメント相談を悪用し、被害者の訴えのみで結論ありきの対応をし、組織による加害者個人へのハラスメント問題へと発展してしまうケースもある。このようなケースは組織そのものが加害者でしかない。また、大学が被害者への配慮を理由に加害者を不当に扱うと、加害者への人権侵害になりかねない。このようなことを防ぐために、対応のプロセスを透明化し、加害者への説明責任を果たすことが重要である。ハラスメント対応はすべての構成員の人権を守ることが土台である。

また、ハラスメント救済制度の整備や経験等が不十分な大学の場合、対応は執行部など少数の教職員に任せられがちで、対応者の負担が大きいうえに、十分な意見交換が行えず対応に困難が生じやすいことも考えられる。この問題を解消するために、大学は常に危機意識を持ち、ハラスメントの事案ごとにその対応を検証し、必要に応じて救済制度の整備を行っていくことが必要である。また、構成員一人ひとりが安心できる修学・就労環境を守るには、組織の風通しをよくすることが欠かせない。

さらに、地位や立場が弱いとされている者が間違ったハラスメント理解に基づき被害を主張し、力関係で優位の立場の者を過剰に追い込むケースもある。このような多様化した訴えに対応するために、ハラスメント相談員の専門性が求められる。また、相談員には中立性が必要である。相談員に伝書鳩の役割しか必要としない大学とハラスメント相談について専門性を持っていない相談員との組み合わせは、組織を守るだけの相談室、いわゆる名ばかりの相談室になりかねない。さらに、相談記録の管理においても相談者本人の了承を得ずに外に漏らすことはないと公言しつつ、執行部におもねる相談員が、大学の要求に言いなりになって相談者の情報や相談内容を共有することは相談者の利益に反することになる。これでは、大学のハラスメント防止対策は、「やっている感」の演出にすぎず、相談室は構成員のために機能しない。相談窓口を設けても形を整えるだけでは機能不全になり、本来の相談室の役割を果たせない。学内・外の信用を失ってしまう。

最後に、加害者が孤立することを防ぐことは、ハラスメントの防止につながる。加害者を支援しても何度も裏切られることも起きるだろうが、それでもあきらめずに長期的な視点で支援し続けることが重要である。また、加害者支援において関係者との連携も重要である。各部局で加害者からの相談に対応できる協力者がいると良いだろう。必要に応じて相談員が協力者と連携しながら加害者を支援すれば、協力者が一人で抱え込む負担も減る。困っていることをさらけ出し、分かち合うことができると、今後の課題や防止策も見えてくる。連携においては、本人の同意を得た上で、どこまでの情報を共有するかについて話し合っておくのが望ましい。関係者の連携がうまくいけば、より適切な支援が可能になるが、加害者の支援は、ハラスメント相談の専門性に加えて、相談員の力量によってばらつきがあるだろう。

ハラスメントの被害を低減させるためには、大学を超えた社会全体の課題として考える必要がある。加害者が他の大学へ転職してくれれば良いという話ではない。しかし、ある大学が加害者の支援等対応ができているから他の大学も同じことができるとは限らないだろう。各大学は他大学の取り組みを学びつつ、それぞれの大学の考え方、組織の運営上の事情を考慮し、どこまで加害者の支援ができるか、検討してみることを提案したい。被害者への支援と加害者とされる者への支援が組織的に適切になされれば、組織や現場の負担も軽減するだろう。検討のためには、まず、学内アンケート調査を実施し、大学の全体像を把握することが出発点になるだろう。

第2節　ハラスメントに関する学内アンケートの効果的な活用法

I　ハラスメントに関するアンケートという方法とその意義

ハラスメントに関するアンケートとは、ハラスメントに関する項目で構成された質問、紙やＷＥＢ調査などの方法により、一般の人々や特定の組織の構成員の、ハラスメント問題に関する認識や状況を調査する方法であり、一般的には意識調査と実態調査とに大別される。意識調査とは、ハラスメントという概念に対する個人的態度や認識を尋ねるものであり、これにより構成員がハラスメントに対してどのような意識を持っているのか、あるいはどのような言動に対してハラスメントと感じるのか、という心理的な線引きなどについての情報を得ることができる。具体的には「あなたは以下のような行為について、どのように感じますか」といった教示のもと、ハラスメント的言動を列挙して、それぞれについて回答を得るかたちが一般的であろう。

一方、実態調査は、対象者がこれまでに受けたハラスメントについて尋ねるものであり、学内のハラスメントが起きる頻度やその種類、被害に対する対応などについて具体的な情報が得られるものである。多くの場合、セクシュアル・ハラスメントとパワー・ハラスメント／アカデミック・ハラスメントとは別建てに質問を構成する場合が多いが、さらに細かく各ハラスメントの下位類型ごとに尋ねる方法もあるかもしれない。

本節では、大学におけるハラスメント防止において、ハラスメントに関するアンケートという方法がどのような役割を果たすのかということについて考えてみよう。

第2章で触れたように、全国の大学でハラスメントに関するアンケートを実施しているのは約25％ほどである。さらに、後述する独自の調査によると、このようなアンケートは単発で実施されることは少なく、期間はさまざまだが定期的に実施されているようである。教育・研究の面で日々多忙な状況のある大学において、敢えて何度も繰り返し同じような内容のアンケート調査が実施されている理由を考えてみたい。

ある人の言動がハラスメントかどうかということを評価するためには、その言動が行われたコミュニティないし集団において共有される「世界の見え方・捉え方」を無視することはできない。つまりハラスメントにおける「文脈性」という視点が重要である。文脈性は、そのコミュニティの成員や目的、構造などによって変化するばかりか、近縁の他のコミュニティの状況にも影響を受けながら、ダイナミックに変化し続ける。ハラスメントが一義的に定義しにくい理由もまさにここにある。そう考えると、大学は一つの大きなコミュニティである一方で、大中小さまざまな規模のコミュニティの統合体であるとも言えるため、その文脈性を一様に捉えることは不可能に近いことがわかるだろう。

例えば、こういう状況を想定してみよう。ある学生が「指導教員が私たち学生に対して、研究室にいないといけない時間を決めるんです」と訴えてきたとしたら、あなたはどう思うだろうか。この言動に対する反応は、学生の立場とそれを聞いたあなたの立場との掛け合わせによって、多様な組み合わせが生じる。もしこの学生が理工学系の学生であり、あなたもその環境をよく知っていたとしたら、その学生に対し、ややたしなめるような返答をするかもしれない。それは、理工学系の研究室においては当然のものとして存在するコア・タイム、つまり研究室に在室するべき時間帯が設定されているという制度が念頭に置かれるからである。それでは、この学生が人文学系の学生であり、あなたもその環境に身を置く立場であった場合はどうだろうか。人文学系の研究室においてコア・タイムが設定されている研究室は珍しい。そのため、この学生は他の研究室の学生たちとは異なる待遇を受けている可能性を考えて、あなたは何らかの解決を模索しようとするかもしれない。さらに、学生とあなたの学系の立場が異なっていたらどうだろうか。あるいは、その学生があなたの同級生だったらどう答えるだろうか。また、その学生が自分の子どもだったらどうだろうか。組み合わせによって、対応の可能性も無限である。

別の例を挙げてみよう。あなたの部下が、他の職員から「夜遊びがお盛ん」などと言われのない中傷を受けていて困っている、と上司であるあなたに相談してきた。双方から別々に詳しい事情を聞いたところ、中傷的言動が行われていることは事実らしく、その職員は相手を貶めるためにそのような言動を行っていたようである。この時、あなたならどのように対応するだろうか。ほとんどの場合、中傷をする職員の言動を問題視し、職務権限をもって注意をし、必要に応じて相談してきた職員の配置転換を行うなど、職場環境の調整を行おうとするのではないだろうか。まさかこのトラブルを個人的な問題と捉えて、双方で解決するように指示し、解決が不可能だった場合には、相談してきた部下を退職させようという判断をするようなことにはならないだろう。実はこの事例は、日本国内でセクシュアル・ハラスメントが初めて民事裁判で扱われた、いわゆる「福岡セクシュアル・ハラスメント訴訟」（福岡地裁平成四年四月十六日判決）のあらましである。被告となった会社は実際に後者のように問題を個人的トラブルに矮小化する対応をし、それにより最終的に損害賠償が認められている。今から約30年近く前にはこういった中傷的言動や被告会社のような対応は珍しいものではなかったため、民事裁判を提起することすら難しいとされるような一般的な認識があった。それがこの30年を経過する中で徐々に変化し、このような言動は明らかに問題のある対応であるとわかるように、われわれの認識も変化してきているのである。

このように、ある言動がハラスメントかどうかということの判断には、関係者の立場やその関係のありよう、そしてその言動が行われたコミュニティの文化・風土、さらにはその時の社会での一般的認識のあり方など、つまりここで言う文脈性が多大な影響を与えるのである。ハラスメントは、日々変化し続ける社会のあり方を色濃く反映する概念であるがゆえ、ハラスメントに関する意識や実態も日々更新され続けるものであると言える。地道に今この時点の情勢をとらえ続け、それを着実に蓄積していくことこそが、ハラスメントに関するアンケートを実施し、繰り返すことの意義であり、効果的なハラスメント防止施策を整備するための第一歩であると言えよう。

2　学内アンケートの実情

ここからは筆者の所属する機関において実施した調査を基に話を進めていこう。この調査は、ハラスメントに関するアンケートが実際にどのように行われているかに関して、全国の大学を対象として実施したものである。なお、この調査は学内のハラスメントに関する相談業務および防止体制に役立てるために行った独自の調査であり、一般的な調査研究のように研究計画に基づいて収集されたデータではないことは考慮されたい。

調査は、2015年11月に、HP等によりハラスメントに関する専門の相談部署が設置されていることが示されている46大学（国公立大学17大学、私立大学29大学）を対象として、質問紙を郵送して実施した。調査内容は、①アンケートの実施頻度、②アンケートの調査対象、③アンケートの実施形態、④結果の公表方法、⑤自由記述の取り扱い、⑥英語版アンケートの実施、以上の6項目であった。

質問紙を送付した大学のうち11大学（約24％。国立大学4校、私立大学7校）がハラスメントに関するアンケートを実施していると回答した。それぞれの質問項目への回答の結果を図とともに示す。なお、質問項目

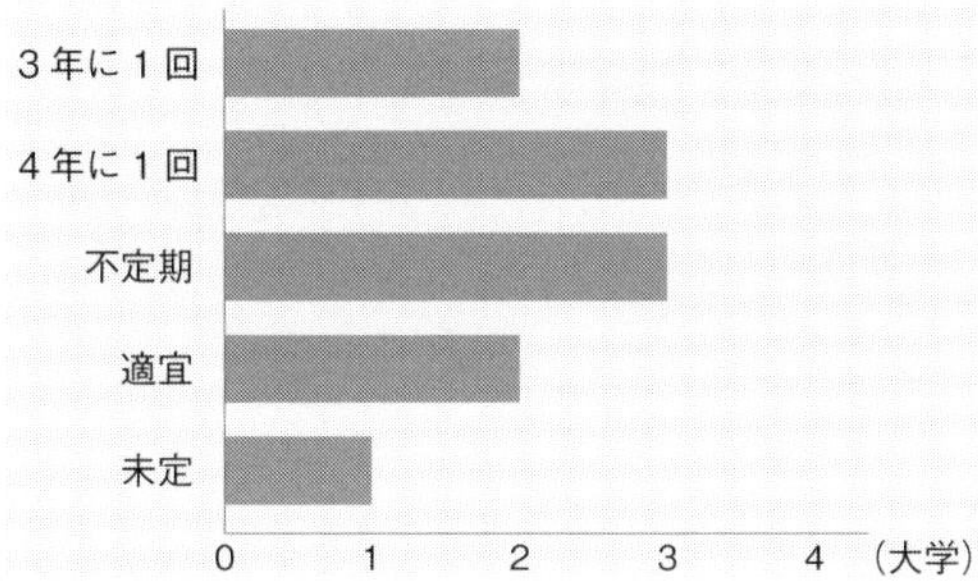

図４-１　アンケート実施頻度

のうち、⑥英語版アンケートの実施の結果については、紙面の都合上、割愛している。

〔アンケートの実施頻度〕（図４-１）：４年に１回、あるいは３年に１回と定期的に実施している大学が５大学あり、「数年に１回」「必要に応じて実施」など、不定期に実施する大学が同じく５大学あった。図中の「未定」は最近実施し、次回以降いつ行うかは未定であるという大学である。この結果を見ると、定期・不定期の差はあれ、複数回実施することを想定している大学がほとんどであることが見てとれよう。

〔アンケートの対象者〕（図４-２）：アンケートの対象者は、構成員全員を対象とする大学が半数以上で、教職員のみに実施する大学が２大学、学生のみに実施する大学が３大学であった。アンケートの目的により、対象者が変わる可能性が示唆される。

〔調査方法〕（図４-３）：どのような媒体でアンケートを行うかを尋ねたところ、ほとんどの大学は紙ベースによる質問紙調査での実施であったが、２大学はＷＥＢ調査を実施しており、質問紙とＷＥＢ調査を組み合わせて実施している大学もあった。この点については、後述する。

〔結果公表の方法〕（図４-４）：アンケートで得られた結果について公表をしているかどうかについては、対応は大学によってさまざまであり、ＨＰ上で対外的に公表している大学は３大学に留まり、他はハラスメント防

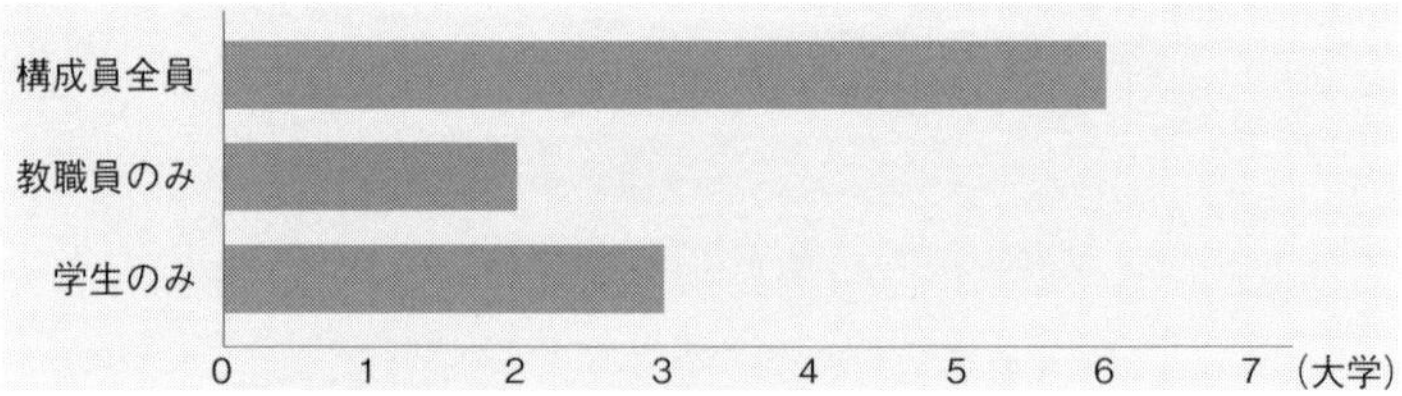

図4-2　アンケート対象者

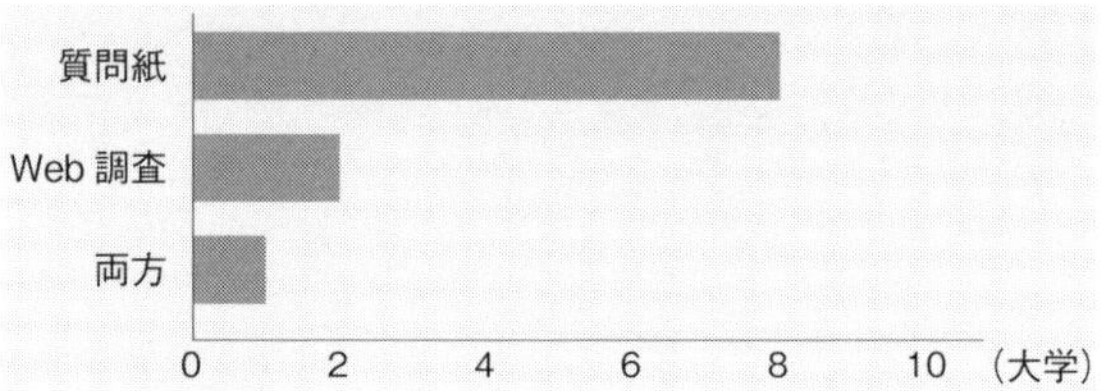

図4-3　調査方法

止に関する研修時に示す、調査結果報告書を作成する、ハラスメントに関する委員会や教授会等で報告するなどのバリエーションがあった。公表しない大学も3大学あった。

〔自由記述の取り扱い〕（図4-5）：アンケートの自由記述欄で得られた情報をどのように扱うかについて尋ねたところ、管理部門に報告する大学が3大学で、部局にフィードバックしたり、間接的に介入したりするなど、何らかの対処をする大学がそれぞれ2大学ずつあった。また、相談室内で保留しておく、特に対応をしない大学も複数見られた。匿名の自由記述のみで具体的な対応を行うことは後述するようなさまざまなリスクを伴うため、慎重な対応をしていることが示唆される。

以上、学内アンケートの実情について、調査のデータを元に見てきた。見ての通り、回答した大学が11大学と十分な回答数ではないため、そのまま一般化できるデータではないが、少なくとも大学によってさまざまなバリエーションがあることがわかる。ハラスメントに関するアンケートを実施する動機づけとなる事由は各大学によって異なるため、このような違いが生じているものと思われる。

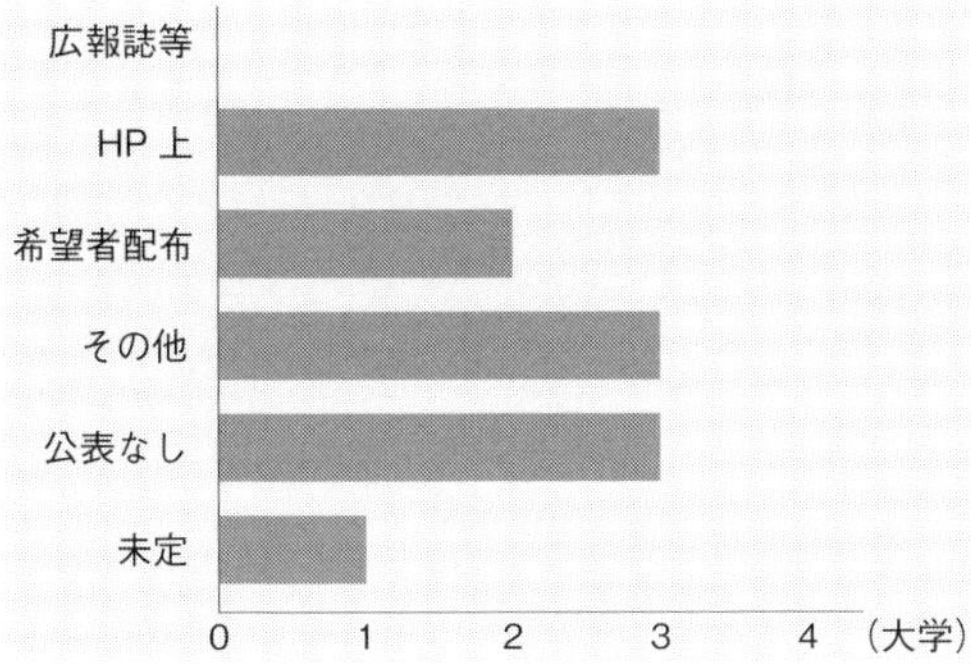

図4-4　結果公表の方法（複数回答あり）

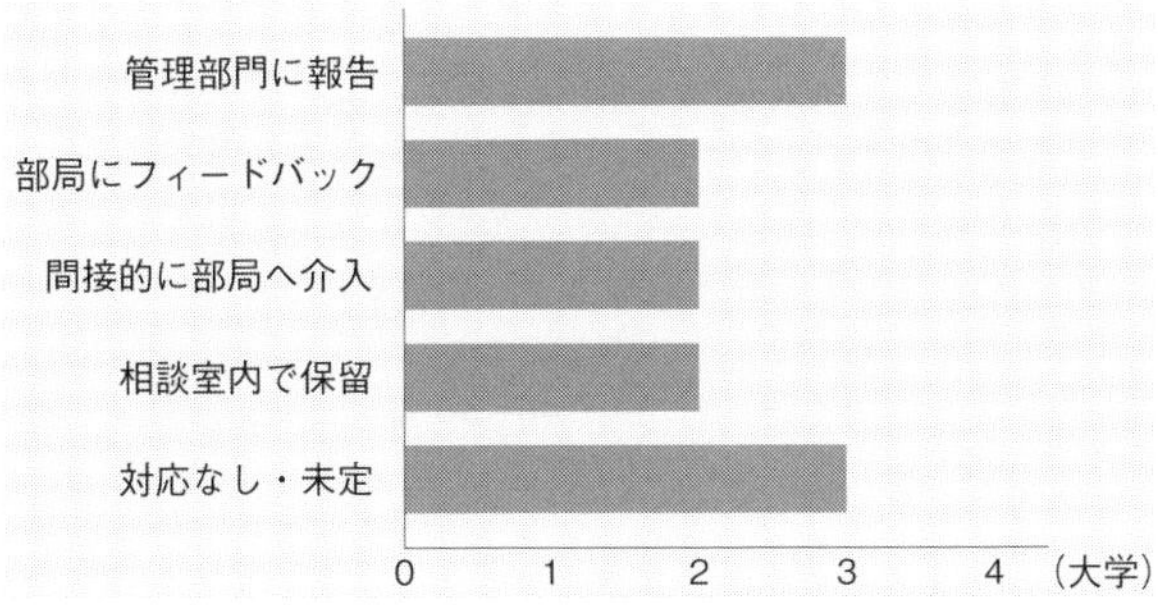

図4-5　自由記述の取り扱い（複数回答あり）

3　学内アンケート実施の工夫とコツ

ここからはアンケートの実施方法について、筆者らの経験などを踏まえ、工夫やコツなどの具体的なことについて述べていくことにしよう。前項の独自の調査における調査事項に沿って、①対象者、②質問項目の構成、③調査方法、④自由記述の取り扱い、⑤結果の公表、以上5点についてそれぞれ説明する。

（1）対象者

先に示した独自の調査の結果によると、多くの大学が学生と教職員のどちらにもアンケートを実施していることがわかる。誰を対象にアンケートを実施するかということは、何を目的にアンケートを実施するか、ということと深い関わりがある。例えば、学内でどのようなハラスメントがどのような頻度で経験されているのかを知りたい場合、一般的にハラスメントの被害者となりやすいと考えられる学生をアンケートの対象者に含めないという選択はしないであろう。あるいは、加害者（になり得る者）が持つハラスメントに対する意識に焦点づけようとすれば、教員や管理的立場の職員を対象としたアンケートになるかもしれない。何を知りたいか、どのような事に結果を生かしたいのかということにより、アンケートの対象者を設定すべきである。ただ漫然と構成員全員に実施する、ということはできるだけ避けたい。

（2）質問項目の構成

質問項目の構成は、ハラスメントに関するアンケートにとって肝となるトピックであり、通常、最も工夫されるところである。ただし、先にも述べたようにどのような事をアンケートで確認するかということは、何を目的にするのかによって異なる。そのため、この節では項目を選定するための基本的なスタンスについて述べていこう。

前述したように、ハラスメントに関するアンケートは大きく分けて意識調査と実態調査とがあるが、実施する側としては、なるべく多くの情報を得るために、できればどちらも一度に取ってしまいたい思いになるかもしれない。しかし、ハラスメントに関するアンケートは、組織にとっては防止体制の改善に非常に有効な方法ではあっても、回答する者にとっては苦痛である場合もある。一つは、多くの人にとってハラスメントは日常的に触れるものではないためであり、もう一つは被害経験のある者にとっては答えていて決して気持ちの良いものではないためである。今まさに受けているハラスメント被害について詳細に答えなければならないという苦痛もあるかもしれない。また、対象者の属性についても何をどのように尋ねるかという点に配慮が必要である。性別をどのように尋ねるか、年齢・国籍・具体的な所属・学生／教員／職員の区別などはどうするか、等々、考慮すべき点は少なくない。ただでさえ心理的な負担を強いるものであるからこそ、その負担をできる限り低減させるためにも、前もって準備できる部分については細かな配慮を行っておくべきである。

さらに、教示についてもさまざまな配慮が求められる。特に、ハラスメントに関するアンケートであるため、内容がどのように扱われるかについては、アンケートの冒頭部分にできる限り明確に示すことが重要である。データがどのように処理をされるのか、どのような目的に使用されるのか、保存期間はどのように設定するのか、回答しないことによる不利益は決してないことを明記する、などの配慮が考えられる。また、実態調査のセクションにおいては、回答しない権利があることを明確に伝えながら、回答したことによる不利益はないことも明示することが重要である。

（３）調査方法

先に示した独自の調査では、ほとんどの大学が紙ベースによる質問紙調査によりアンケートを実施していた。一方、ＷＥＢ調査を用いている大学も一定数見受けられている。北折・太田（２００９）によれば、調査方法によって回答に有意な違いは生じない一方で、ＷＥＢ調査の方が実験者効果の影響がない分、非倫理的な回答が出やすい側面があることが示されている。前述したような、加害者（となりうる立場の者）に焦点づけた意識調査を行う場合は、ＷＥＢ調査の方が社会的に受け入れられやすい回答をしようとする傾向の影響を制御できる可能性は十分にあろう。加えて、印刷や郵送にかかるコストを削減することもできるため、ＷＥＢ調査のメリットは大きい。また、これは質問紙調査にも言えることではあるが、ＷＥＢ調査では特にフォントやユーザー・インターフェースをわかりやすく工夫することによって、答えにくい内容の質問に対する抵抗感も多少下がりやすいというメリットもあるかもしれない。

一方で、WEB調査を実施する場合には情報守秘の人的・経済的コストがより大きくなるデメリットもある。質問紙による紙ベースの調査であれば、物理的な管理さえしていれば、情報の拡散はほとんどないが、WEB調査ではデジタル・データを取り扱うことになるため、漏洩した場合のリスクは非常に高く、それらを防ぐためにさまざまな配慮が必要になってくる。例えば、アンケートへの回答フォームをセキュリティの確実なサーバーに設置する、回答されたデータに暗号化を施す、学外者が勝手に回答できない仕組みにする、同一人物が重複して回答できない仕組みにする、などである。情報セキュリティに関する専門的知識を持つ人にいつでも相談できるようにしておく、もしくは調査チームに入ってもらうなどができるとなお良いだろう。

（4）自由記述の取り扱い

アンケートの最後に自由記述欄を設けることはよくあり、その目的はさまざまであるが、多くの場合、組織のハラスメント防止体制や相談体制に関する意見、調査に対する意見などを書いてもらうことを想定している。しかし、ここに加害者の実名を出して実際の被害経験が記入される場合も少なくない。ハラスメントに対する対応では、匿名での訴えに対しては原則、すぐに具体的な動きを取るのは避けるべきである。それは、相手を貶める目的の虚偽の訴えである可能性を排除できないという面もなくはないが、それよりも被害者を守る体制ができていない状態で直接的な介入を行うことは、問題がこじれたり、被害が潜在化して見えにくくなったりする原因となることが主な理由である。ハラスメントの問題がこじれてしまった場合、その煽りを最も受けるのは被害者であるため、被害者が特定できない状態での介入は被害を深める可能性が高いのである。

一方で、多くの被害者が二次被害を恐れて名前を出して訴えることができないのが、ハラスメント対応の困難さの一つでもある。先に示した独自の調査にも表われているように、修学・就業環境の整備に関して管理責任がある部署に情報を共有し、対応を協議することはこのジレンマに対する現実的な対応であろう。この点については、一つの明確な答えはないように思う。各大学で十分に議論しながら、その都度適切な対応を検討する必要があるだろう。

（５）結果の公表

アンケートの結果は、対象者に負担をかけることによってようやく得ることができた貴重なデータであり、それをなるべく建設的に活かすためにも丁寧に公表するべきである。しかし、結果を公表している大学は多くなく、公表している大学も結果の一部であることがほとんどである。特に実態調査の結果はその大学でのハラスメントの発生割合（正確にはハラスメントと捉えられている言動の発生割合だが）などが示されることになるため、管理部門が公表を躊躇するということもあり得るかもしれない。しかし、大学としてそのようなアンケートを実施し、その結果を公表することは、適切な防止・相談体制があることを対外的にアピールする機会にもなり、ひいては大学の評価を上げることになる効果もあるかもしれない。北口・熊本（２０１３）は、近畿大学人権問題研究所が実施した学生を対象としたハラスメントに関するアンケートの結果を詳細に報告している。質問項目や分析方法などはもちろん、丁寧な考察をしながらより良い防止体制の構築を提言しており、公表のあり方の一つとしても参考にできるだろう。

４　アンケートを超えて

本節の前半で、アンケートの実施はハラスメント防止施策の整備のための第一歩であると述べた。しかし、アンケートにより把握できる実状にも限りがあるため、より良い体制を構築するためには、また別の方法も備えておくことは重要であろう。吉武（２０１２）は、アンケートの他に、構成員に直接ヒアリングを行うことで実態調査を行う方法について述べているが、より実態に近い現状の理解のためには、ハラスメント相談を活かすという方法も考えられるだろう。当然ながら、守秘義務の遵守は徹底しなくてはならないが、個人が特定されない範囲で実際の事例でどのような事が問題となっているのかを分析・活用することは、その組織の文化・風土に即した対策となるため、さらなる被害者を生み出すことを防ぐ有効な方法となる。ただし、第3章でも触れたように、ハラスメントに関する相談は非常に高い専門性を求められる業務である。安定した継続的な防止体制を保つためにも、ハラスメント専門の相談室を設置することは、検討に値する方策であろう。

アンケートを実施するのも、ハラスメント防止・相談体制を整えるのも、何より構成員の健全な修学・就業環境を保つためである。それが単なる組織のリスク・マネジメントとして行われるようなことは厳に慎まねばならない。組織によるトップダウンの介入が適切に行われる体制を構築するために、構成員の意見をベースにしたボトムアップの力を活用していくというような、良い循環ができるような体制が重要なのではないだろうか。

第3節　ハラスメントへの予防機能を充実させる
――学生サポーター・ミーティング

筆者が勤務する大学では、ハラスメント相談センター設置の目的に、「啓発」「点検」「支援」「問題解決」が定められている。その「啓発」機能の一環として、学生のハラスメント理解を促すために、２００６年より学生サポーター・ミーティングを実施している。学生サポーター・ミーティングとは、ハラスメント相談センターが「人権問題やハラスメント予防に興味を持ち、センターの活動に協力したいと思う学生サポーター」を二つのキャンパスで合計20名程度募集し、年5回昼食付きのランチ・ミーティングへの参加とセンターが主催する講演会などの広報に協力してもらう制度である。その募集は、毎年度当初にポスターやチラシ（図4-6参照）、学内メールやツイッターで募集し、応募用紙に志望の動機などを記入してもらい、ハラスメント相談センターが適当と思われる学生に委嘱する制度である。昨今は、マスコミの影響もあってか、学生が気軽にハラスメントという言葉を使うようになり、ハラスメント概念が一般化してきたため、学生の意識も高く、応募者は年々増加している。また、委嘱した学生には、活動終了時に図書カードの謝礼を渡している。

ランチ・ミーティングでは「日頃キャンパス内で気になっていること」「これはハラスメント?」「みんなが気持ちよく学べるキャンパス環境を作るにはどうしたらいいの?」などについて、自由に疑問や意見を出し合う。この学生サポーター・ミーティングには、担当のセンター委員（教職員）2名（どちらか1名が司会を担当）とセンター事務局、専門相談員2名も参加し、学生とともに闊達に意見交換をする。まず初回時に、専門相談員からキャンパス・ハラスメントについてのオリエンテーションがあり、参加者がキャンパス・ハラスメントについての基本を共有したうえで、ミーティングが開始される。そして、誰からでもよいが話題提供があり、その話題について参加者各人の経験談や対応策のアイデアについて話し合う。例えば、一番多い話題は授業に関する内容で、学生の迷惑な私語、出席に関する不正、試験前のノートの貸し借り、先生の不適切発言などハラスメントではないが、マナーやモラルに関することである。一時期、大教室での学生の私語が頻繁に問題になったため、解決策としてセンターから研修や配布物を通して、「授業は学生と大学の契約で成立しています。教員は授業の静粛性を保つ責務があり、学生には良好な学習環境で授業を受ける権利があります。この責務と権利を守るため、私語をしている学生に適切な注意を行うことはハラスメントにはなりません」というメッセージを教職員と学生に発信し、功を奏している。また、ＬＧＢＴの人への配慮やジェンダーに関する話題、部活動内またはアルバイト先でのパワー・ハラスメント、サークル内でのアルコール・ハラスメントなど毎回さまざまな話題が提供される。

これらの話し合いの内容は、センター委員会で報告され、各学部選出のセンター委員が必要に応じて教授会で報告することとなっている。一方、内容が明らかにハラスメントである可能性が大きい場合は、後日センターに相談に来てもらい、支援や解決に結びつけることもある。また、サポーターの中には、非常に正義感が強く日頃からハラスメントへのアンテナが高い学生もおり、学内でハラスメントを疑うようなトラブルを見たと報告してくれることがある。

そのような場合は、必要があればハラスメントセンターが当該部局に働きかけ、部署内で問題解決や環境改善を図る。したがって、学生サポーター・ミーティングは単に話し合いの場所ではなく、学生サポーターが「問題発見」の役割を果たしてくれる機能も持っているのである。

以上、学生サポーター・ミーティングを実施する意義は、学生への「啓発」と同時に、教職員が気付かないような学内の人権侵害やハラスメントの芽を、学生が学生目線で感じ取り問題提起してくれることであ

図 4-6　募集のポスターの例

る。そのことにより、事態が大きくならないうちに対策を打てたり、早期解決に結びつけられたりする。また、それらの問題に対して、学生がどのような解決を期待しているか聞き取ることができるため、大学内の授業や業務改善の参考にすることもできる。このように学生サポーター・ミーティングは、その予防効果や環境改善に期待できる制度であると言えるだろう。

第5章 まとめと提言
——大学における有効なハラスメント防止・相談体制

1 はじめに

本書では昨今社会的にも注目されているハラスメント問題についてさまざまな側面から論じてきた。第1章の「大学のハラスメント対応の歴史」でも述べたように、日本のハラスメント対応の歴史は決して長くない。また、ハラスメントに対する直接的な法規制も整備されていない。このような状況の中で、筆者の研究グループでは日本の大学における有効なハラスメント防止・相談体制の構築という視点で研究および実践活動を行ってきた。本書はその成果のまとめでもある。この第5章においては、筆者らの研究成果を踏まえ、大学の規模や特色などに即した有効なハラスメント防止・相談体制について言及したいと思う。

2 大学における有効なハラスメント防止・相談体制

第2章で示した全国の大学に依頼したアンケート調査の結果をまとめると、大学におけるハラスメント防止・相談体制の構築の仕方には、大きく分けて三つのパターンがあることがわかった。

一つ目は、専門の相談窓口があり、専任の相談員も配属されているパターンである。このシステムを採用しているのは、主に大規模校である。

二つ目は、部局に所属している常勤の教職員が兼任の相談員として対応するパターンである。全国の大学の約7割、また小規模校に至ってはそのほとんどがこのシステムを導入し対応している。

三つ目は、学生相談室や保健室、人事課等が兼用の窓口の役割を果たし、そこに所属しているスタッフが兼任の相談員として対応するパターンである。この場合、兼任相談員の専門性や大学の規程により、事案が起こったときの対応が大きく異なることが考えられる。例えば、学生相談のカウンセラーであれば、ある程度「相談」に重きをおき、制度を利用した環境調整などの外的な調整だけでなく、相談者の気持ちや内面の整理も含めたサポートが行われると推測される。一方、人事課などが窓口になっている場合、大学の規程に沿い定められた環境調整や調査などの手続きを進めることを中心に対応していることが推測される。三つ目のパターンの場合、組織次第で一つ目のパターンに近い対応になったり、二つ目のパターンに近い対応になったりすることが考えられるため、以下では、一つ目のパターンの専門の相談窓口かつ専任の相談員を有している場合と二つ目のパターンの部局の教職員が兼任で対応する場合についてより詳しく述べていく。

3　専門の窓口があり、専任相談員が配属されている大学の体制づくり

専門の相談窓口を設けており、なおかつ専任の相談員を複数名配置している大学は全体の約1割で、そのほとんどが大規模校である。このようなシステムを導入するためには、専任相談員を雇用する財力、そして大学の上層部のハラスメント問題に対する取り組みの意識の高さが必要となる。また、同じく専門の相談窓

口および専任相談員がいる大学でも、それぞれ細かな制度設計の違いによって独自の体制の特徴を持っていることがあるものである。

本書に書かれた研究に取り組んできた筆者らが所属しているいくつかの大学も、専門の相談窓口および専任の相談員を有しているが、ハラスメント防止体制にそれぞれ特色があり、特に問題解決のプロセスに明確な差異がある。この制度設計上の異同を理解すること、それぞれの体制のメリットとデメリットをきちんと整理することは、より良いハラスメント防止・相談体制の構築につながると考える。以下では架空の模擬事例を用い、筆者らが所属している大学のシステムの異同を述べ、今後専門の窓口を設けることや専任の相談員を配置することを考えている大学の参考になれば幸いである。

（1）模擬事例10：研究室変更を行った「環境調整」の事例

〔相談者〕森野さん（学部3年、20代、男性）
〔相手方〕林田教授（50代、男性）

〔相談の概要〕

森野さんが所属している研究室の林田教授は普段から指導が厳しく、声を荒らげて学生を叱責することが多かった。森野さんに対しては特に態度が厳しく、皆の前で罵倒されることや、教授室に呼ばれて1、2時間説教されることもしばしばであった。先日は、ゼミで森野さんが発表した時、「大学生にもなってこんなこともわからないのか！」「お前は自分で考える頭がないのか！」「これでは卒論を書けないぞ！　卒業できないぞ！」と言われた。これでは本当に卒業できなくなってしまうのではないかと森野さんは不安に駆られた。また、最近夜眠れない、集中できない、大学に行こうと思うと憂鬱になってしまうことが重なったため、森野さんは思い切って相談センターに来談した。申込用紙の希望欄には「研究室変更」と書いてあった。

〈各大学の対応〉

実際の相談では、これまでの経緯や状況、森野さんの希望などを丁寧に確認し、本人が取り得る対応について、複数回の面接を通して検討しサポートを行っていくが、ここでは、森野さんが最終的にハラスメントの文脈での「研究室変更」を希望したものとして、その後の対応を中心に述べることとする。

a　X大学の相談・解決プロセス

初回面接では相談員2名が経過について聞き取りを行い、森野さんの希望を確認した。森野さんが研究室変更を希望したため、相談員から苦情申立の制度について詳しく説明を行った。その結果、「調査」は結果が出るまでに時間がかかってしまうこと、また林田教授に対し相談があったことを文書で伝える「通知」に関しては、伝えたとしても反省しない可能性が考えられたため、「調整」の苦情申立を選択し、苦情申立書を作成することとなった。

二回目の面接では、相談員から改めて苦情申立の意志について確認し、相談者が作成し持参した様式「ハラスメント苦情申立書」の内容の検討を行い、林田教授の具体的な言動や背景となる情報を書くことなどの助言を行った。三回目の面接では、要望事項の具体的内容について詳細に検討を行い、四回目の面接で相談員が申立書を預かった。

相談員が防止委員会へ苦情申立書を取り次いだ後、防止委員会内に設置された専門委員会が開催された。なお、X大学では相談センターと防止委員会を別組織として独立させているため、相談員は委員会での審議等については関与できない仕組みとなっている。委員会での検討の結果、調整の実施が決議され、後日、専門委員は2名で森野さんの所属学部の学部長と面会を行った。様式「ハラスメント苦情申立に係る手続について」および「調整の申立に係る手続について」に基づき、苦情申立制度や苦情申立書の内容、ハラスメントは未認定であることなどを明確に説明した上で、森野さんの要望への対応を依頼した。

専門委員会からの依頼を受け、学部長は森野さんの所属する学科の学科長および事務職員らと会議を開き、森野さんの調整の要望に基づき同意書を作成した。その後、学部と森野さんで話し合いの場がもたれたが、森野さんの希望により相談員も同席し、森野さんの支援を行った。話し合いの結果、要望通りの変更が可能となり、様式に基づいて学部長により作成された「調整事項に係る同意書」に森野さんが同意し、署名した。その後、学部長主導で林田教授に事情を説明し了解を得た上で、学部内で研究室変更の手続きを実施し、完了後、様式「部局における調整の実施結果報告書」によって専門委員会に実施報告を行った。その後、防止委員会で調整の実施および完了が報告された。

ｂ　Ｙ大学の相談・解決プロセス

初回面接では、２名の相談員がこれまでの経緯や状況を聞き、森野さんの希望を確認した。その上で、次回までにそれらの経緯や状況および林田教授から受けた具体的な言動についてまとめてきてもらうよう依頼をした。二回目の面接では、森野さんが持参したメモに基づき、森野さんと共にこれまでの林田教授との関係性を振り返り、森野さんの研究室を変更したい気持ちに変わりがないことを確認した。その後、「環境調整」の実施が適切かどうかを検討するために「環境調整チェックリスト」を用いて相談センター内で検討を行い、森野さんの希望する研究室変更への対応と再発防止のために、環境調整の実施が適切と判断した。

三回目の面接では、相談員が森野さんに環境調整の内容を提案し、文書で同意を得た。その後、相談員が学部長宛ての「環境調整依頼書」および環境調整を実施する際の留意点が記されている「管理職用手引き」

を用いて学部長と面談を行った。なお、Y大学では相談センターとハラスメント認定を行う防止委員会は別組織として独立させているため、この段階ではハラスメントが未認定であることを学部長に説明した上で、状況の報告と、森野さんの希望を伝えた。学部長は相談センターからの依頼を一度学部に持ち帰り、副学部長と森野さんが所属する学科の学科長と協議した。その結果、学部長らが直接森野さんと面談することとなり、森野さんの希望により相談員も同席した。学部長らは改めて森野さんから事情を聴き、森野さんの研究内容に近い研究室への変更を提案し、森野さんの了承を得た。その後、学部長らが受け入れ先の研究室の教員に事情を説明し、内諾を得た。また、学部長らは林田教授にも事情を説明し、森野さんの研究室変更の了承を得た。このプロセスを経て、森野さんは新しい研究室で勉強を再開した。環境調整実施後も、相談センターでは引き続き森野さんの新しい研究室での修学状況や人間関係、今後同じようなことが起きた場合の対処法など、将来を見据えフォローアップ面接を継続した。

また、相談センター長が防止委員会に環境調整を実施したことを報告し、相談員は学部長らと再発防止について検討した。その結果、学部長らが林田教授に、森野さんの指導の際に不適切な言動があったことが事実ならば、今後気を付けるように伝え、林田教授に相談センターへの相談を勧めた。また、同学部の教職員を対象にハラスメント防止研修を実施した。

c　Z大学の相談・解決プロセス

初回面接では、2名の相談員が森野さんから経緯や状況を聴いた。森野さんは安心して卒業研究ができる環境を整えてほしいと要望し、研究室変更を希望した。相談員が、学部長（あるいは学科長）宛に研究室変更を依頼する「措置依頼」という調整制度について説明し、森野さんはこの制度利用を希望し、「措置依頼申請書」を提出した。措置依頼は相談センター長名で行われるが、その際に併せて相談者から学部長への

「要望書」を提出することになっているため、二回目の面接では、森野さんは相談員のサポートのもとに要望書を作成した。相談員は相談センター執行部に要望書を提示して、措置依頼を行うことが妥当であるかの判断を求めた。

相談センター執行部は、要望書には一部修正が必要だが、措置依頼を行うことを決定した。執行部から指摘があった要望書の修正点について、相談員が森野さんに伝え、森野さんが文面を修正して要望書の文面を確定した。また、相談センター長が学部長宛の措置依頼文書を作成した。措置依頼文書には、措置依頼という調整段階では相手方の教員への事実確認を行っておらずハラスメントは未認定であること、学生の修学環境の改善を最優先に考えて研究室変更の措置を依頼するものであることを明記した。

相談センター長は相談員陪席のもと、措置依頼文書と学生からの要望書を学部長に渡しその内容を説明した。学部長が研究室変更の調整を行うために林田教授と話をした際に、林田教授自身の意見を相談センターに伝えたい場合には、相談センターに話をすることができることも伝えた。後日、学部内で森野さんの研究室変更について検討、調整が行われ、研究室変更が行われたことについて、相談センターにそれぞれ学部長からメールで、森野さんから口頭で報告があった。

（2）考察

本事例に取り上げたX、Y、Zの三大学の特色やハラスメント防止・相談体制を表５-１に示す。名称は異なるが、三大学とも全学のハラスメント防止対策組織（防止委員会）が設置され、相談部門としてハラスメント相談窓口（相談センター）があり、そこに専任の相談員が配置されている。

相談の流れは三大学とも類似し、相談員が相談者と共にこれまでの経緯と気持ちを整理した上で、解決方法を模索していくという流れである。解決方法は大学によって制度が異なり、X大学は苦情申立制度とし

表 5-1　各大学の防止・相談体制および模擬事例に対する相談員の対応・役割の比較

<table>
<tr><th colspan="4"></th><th>X 大学（国立大学法人）</th><th>Y 大学（国立大学法人）</th><th>Z 大学（私立学校法人）</th></tr>
<tr><td rowspan="8">3大学の防止・相談体制の比較</td><td colspan="3">学生数</td><td>約 18,000 人</td><td>約 16,000 人</td><td>約 20,000 人</td></tr>
<tr><td colspan="3">教職員数</td><td>約 4,000 人</td><td>約 4,000 人</td><td>約 2,500 人</td></tr>
<tr><td colspan="3" rowspan="2">全学のハラスメント防止組織</td><td>相談センター</td><td>相談センター</td><td>相談センター</td></tr>
<tr><td>防止委員会（独立）</td><td>防止委員会（独立）</td><td>防止委員会（同一）</td></tr>
<tr><td colspan="3">専門相談窓口の設置時期</td><td>2011 年</td><td>2002 年</td><td>2010 年</td></tr>
<tr><td colspan="3">専門相談員の人数</td><td>4 人</td><td>6 人</td><td>2 人</td></tr>
<tr><td colspan="3">相談の流れ</td><td>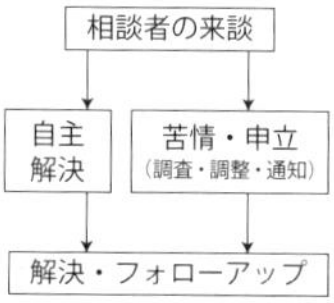</td><td>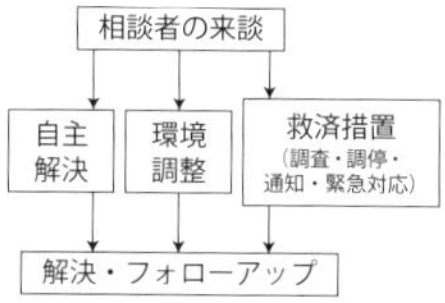</td><td>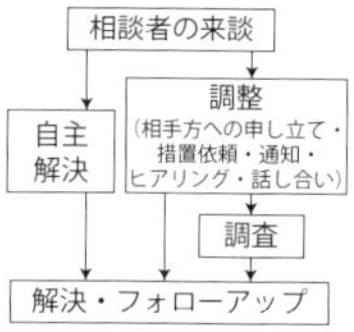</td></tr>
<tr><td colspan="3">環境調整的機能</td><td>あり</td><td>あり</td><td>あり</td></tr>
<tr><td rowspan="10">模擬事例に対する相談員の対応・役割の比較</td><td rowspan="5">防止・相談体制</td><td rowspan="3">共通点</td><td>解決の手続き</td><td colspan="3">環境調整を行い、学部等に協力を要請する</td></tr>
<tr><td>ハラスメント認定</td><td colspan="3">環境調整時は未認定であることを明確にする</td></tr>
<tr><td>定型文書</td><td colspan="3">「環境調整同意書」「環境調整実施報告書」などの定型文書を利用する</td></tr>
<tr><td rowspan="2">相違点</td><td>相談－解決の方式</td><td>相談－解決
完全分離方式</td><td>相談－解決
部分分離方式</td><td>相談－解決
一体型方式</td></tr>
<tr><td>環境調整制度の実施主体</td><td>防止委員会</td><td>相談センター</td><td>相談センター</td></tr>
<tr><td rowspan="5">相談員の対応・役割</td><td rowspan="2">共通点</td><td>相談体制</td><td colspan="3">面接の際は、2 名（主担当と記録担当）で対応する</td></tr>
<tr><td>相談者への対応</td><td colspan="3">経緯の聞き取りと希望の確認、制度の説明をする</td></tr>
<tr><td rowspan="3">相違点</td><td>解決のための対応への相談員の関与</td><td>原則できない</td><td>環境調整の場合、相談センター長の判断のもとで、相談員が中心に対応する</td><td>相談センター執行部の承認のもと、相談員が相談者と相手方に実際に面談する</td></tr>
<tr><td>他部署との連携</td><td>原則できない</td><td>環境調整の場合、相談者と相手方が所属する部署と連携することができる</td><td>相談員と相談センター長の判断で、比較的にフレキシブルに連携することができる</td></tr>
<tr><td>相談員に求められる役割の特徴</td><td>面接の段階では、傾聴や受容を中心に相談者の気持ちに寄り添った対応をしやすい</td><td>環境調整の場合、解決的な対応に関与するため、アセスメントを踏まえ、中立的な対応が求められる</td><td>解決的対応に全般的に関与するため、アセスメントを踏まえ、中立的な対応が求められる</td></tr>
</table>

［葛ら（2019）「大学におけるハラスメント防止・相談体制および相談員の役割に関する検討」『学生相談研究』39, 95-105］

て、「調査」「調整」「通知」制度がある。Y大学は救済措置として「調査」「調停」「通知」「緊急対応」があり、それらに加え、相談センターで行う「環境調整」制度がある。Z大学には調整制度として「相手方への申立」「措置依頼」「通知」「ヒアリング」「話し合い」があり、調整が不調に終わった時に「調査」に進むことができる。

三大学の防止・相談体制の共通点として、①相談者の就労・修学環境を整えるために、相談者が所属する部署との間に環境調整を行う制度を設けている、②環境調整を行う際に、ハラスメント認定が行われていない場合、そのことを部署に明確に伝え、相手方の人権についての配慮を行っている、③各制度の実施にあたり、三大学ともさまざまな文書を活用していることが挙げられる。このような環境調整が必要とされる事案への対応のプロセスの共通点は、あらゆる大学の参考となる視点であると言えよう。

一方で、各大学のハラスメント防止・相談体制を構築した時期や大学の特色によって、相談を受けるプロセスと制度を利用し問題の解決をはかるプロセスを分離するかどうかという視点でみると、三大学の体制は完全に異なっている。

X大学は「相談－解決完全分離方式」をとっており、学内で相談機能と解決機能を完全に分離している。解決のための制度の実施を決定するのは防止委員会内に設置されている「専門委員会」である。一方、Y大学は「相談－解決部分分離方式」をとっており、問題解決のための手続きの一部は防止委員会で行うが、「環境調整」は相談センター長が判断することである。Z大学は「相談－解決一体型方式」をとっており、相談センターの長が判断し「措置依頼」を実施することとなっている。また、環境調整の実施のプロセスにおいても、X大学は専門委員会の委員が相談者が所属する部署の長に依頼を行うが、Y大学とZ大学は相談員がその役割を担っている。

このように相談機能と解決機能が完全に分離している大学と両者が一体化している大学があるが、以下にそれぞれの体制のメリット、デメリットを説明する。

「相談－解決完全分離方式」の場合、より相談者の立場に立った相談活動を実施することができるため、相談者のニーズに合わせた臨床心理面接としての援助がしやすい。しかしその反面、実質的な援助に関わることが難しいため、組織への介入やコンサルテーションのような臨床心理学的地域援助のスキルが活かされにくい立場であると言えよう。「相談－解決部分分離方式」の場合、迅速かつ臨機応変な対応がしやすい反面、担当相談員の臨床的な力量に頼る部分が大きい。場合によっては、客観性・中立性の担保が難しく、また、相談員が相談者に心理的に寄り添いにくい状況が生じやすい。「相談－解決一体型方式」の場合、当事者双方がコミュニケーションの誤解や齟齬《そご》を認め、加害者とされた者が謝罪による問題の解消を望む場合には有効に機能する反面、双方の言い分が完全に食い違い、敵対する場合には、相談員の中立性の担保が難しく、負担が大きい。

各大学の防止・相談体制の相違を生み出す要因は、三大学の特色やハラスメント対応の組織の設置時期、組織運営の責任者の専門分野（法学や心理学、社会学）など、大学固有の条件を反映したものであり、その良否については一概に是非を論じにくいが、それぞれの体制のメリットとデメリットを踏まえ、他大学が今後ハラスメントの防止・相談体制を構築する際に本章の知見は一つの参考になりうるだろう。

4　専任相談員がいない大学の体制づくり

全国のアンケートでもわかるように、上記の三大学のような大規模で専門の相談組織を設け、さらに複数名の専任相談員を雇用している大学は全体のわずか1割で、多くの大学は教職員が兼任でハラスメント相談に携わっている。この場合、兼任相談員の専門性の問題であったり、相談員が強いられる負担の大きさの問題であったりと、ハラスメント防止・相談体制を機能させるためには実際より細やかな制度設計が求められることになる。以下は、全国のアンケート調査の結果、インターネット上で公開されている各大学の防止・相談体制や筆者らが実際情報交換を行った大学の情報などを踏まえ、専任相談員がいない大学がハラスメント防止・相談体制を構築する際に考えられる工夫について検討する。

(1) 相談の公平性の担保

第3章第2節の「ハラスメント相談の対応例」でも示したように、ハラスメント相談の特徴の一つとして、被害を訴える者、加害者とされる者、問題の解決に協力する管理職など、一つの案件に関して、さまざまな立場の人が関わることが多いことが挙げられる。その場合、相談員がそれぞれの立場の相談者と利害関係がなく、公平な立場で相談に臨めることが非常に重要である。専門の相談窓口を設けている場合、それは学内で独立の組織として位置づけていることが多い。また、専任の相談員も学部などに所属しないことによって、さまざまな立場の来談者との利害関係を最小限にし、相談の公平性を担保することになる。しかし、学部や事務系統に所属している常勤の教職員が相談員を兼任する場合、同じ所属の相談者が来談したり、同じ所属でなくても日頃大学の業務で関わりのある相談者が来談したりすることが考えられる。その場合、相談員がもっている相談者に対する先入観、相談員と相談者、加害者とされる者の立場（例えば、加害者とされる者が相談員の上司にあたる）などに左右され、偏ったアドバイスや対応をしてしまう恐れがある。これを臨床心理学でいうと、「多重役割」にあたる。

多重役割のリスクを減らすための工夫として、相談の予約と担当相談員選任の二つのプロセスをしっかり分けることが考えられる。それを実現するためには、まず電話やメールなどの相談予約方法を全学的に周知させる必要がある。予約方法が周知されれば、相談者の最初のアプローチが身近な同じ所属の兼任相談員ではなく、全学の相談窓口になる可能性が高くなる。万が一、同じ所属の相談員が声をかけられても、決まりとしてまず全学の相談窓口に予約する旨を伝えやすくなる。次に、予約が入ったときに、例えば防止委員会の執行部が協議し相談員を決めるなどの手続きを行う。その際、なるべく面識がなく利害関係がない相談員を指名する。このようなシステムを機能させるためには、各学部と事務系統から相談員を選出し、相談員の人数の確保が必要となる。また、被害を訴える者、加害者とされる者の担当者を分けたり、セクハラの相談者の場合、相談員の性別を考慮する必要性などの要因も考慮すると、最低でも十人前後の相談員をリストアップできると、ある程度選択の余裕が出てくる。これは中規模以上の大学にとってはそれほど難しくないが、小規模校にとっては相談員の人選も一苦労することになろう。全く面識がない教職員がいない可能性もある。

このような多重役割を回避しきれない場合、相談員として任命されたときに、しっかりと相談のスキルや留意点に関する研修を受けることが大切になる。これはすべての大学、すべての相談員に言えることでもある。相談に乗る際に想定される難しさ、また考えうる適切な対応を事前に理解し、できるだけ客観性を保つように相談者と向き合う。また、言うまでもないが、相談員に対するサポート体制を整える必要もある。以下の「相談員へのバックアップ体制」でこの二点についてもう少し詳しく述べる。

(2) 相談員へのバックアップ体制

教職員が兼任で相談員を担当する場合、臨床心理学が専門で臨床心理士や公認心理師の資格をもっている人であれば、相談に乗るときの基本的なスキルが身に付いている。しかし、相談業とは全く異なる専門の教職員にとって、ハラスメント相談以前に「相談に乗るとはどのようなこと」で、「どのようなところに留意すべきか」などに関するトレーニングを受けたことがないのが通常である。まして、第3章で述べたようなハラスメント相談ならではの専門性も求められることになる。これは専門が異なる人にとっては非常に困難な業務であると同時に、負担が大きい。相談員のためのサポート、バックアップ体制を整えることが急務である。

まず丁寧な相談員研修を行うべきと考える。大学の防止・相談体制の把握、自分がこのシステムの中で果たす役割をきちんと理解する必要がある。単なる最初の窓口で、細かい相談内容を聞かずに、防止委員会に取り次ぐのが役割なのか、細かい事実関係を確認し、解決のプロセスまで相談者をサポートするのが役割なのか、役割によって仕事の内容がかなり異なる。また、相談の基本的なスキルやハラスメント相談ならではの特徴を踏まえた上での留意点などを、実際相談に携わる前にある程度理解しておくのが望ましい。相談者に会い、初期対応で好ましくない対応をしてしまった場合、その後の解決のプロセスにも大きな影響を与えてしまう。相談員研修や相談員同士での研鑽が必要不可欠である。

相談員へのバックアップ体制は、相談のスキルなどを伝えるだけでなく、相談員の心理的なサポートも考える必要がある。ハラスメント相談の中身はさまざまであるが、ネガティブと思われる人間関係や事象にさらされることが想定される。また、解決がうまくいかない場合、相談員の対応が責められるなど、複雑な状況が起こりうる。そのため、相談員自身が負ってしまう心理的なストレスは決して小さくない。例えば、防止委員長あるいは心理職の資格をもつカウンセラーが相談員の相談に乗るなどの体制も考える必要があろう。集団守秘義務の下、お互いに抱えている相談事案の難しさや困ったこと、対応の良し悪し、ハラスメント相談においては特有の困難さを共有するなど、相談員同士での一種のグループ・ケア活動も必要なのかもしれない。

上記をまとめると、相談員に任命されたときに、相談のスキルや留意点に関する初期研修、また相談事案が起こったときに、相談員が随時自分の対応について相談・点検できるようなサポート体制、そして相談中でも相談後でも相談員への心理的サポートが重要だと考える。

5　まとめ

現在、ニュースやインターネット上では「ハラスメント」という言葉を日常的に見聞きするようになっている。これは、社会全体のハラスメントに対する認識が高まっていることの表われで、基本的に歓迎すべきことと感じている。かつてセクハラの概念がなかった時代では、今では間違いなくセクハラと判断されうるような事象が横行していた。しかし、１９８０年代にセクハラの概念が社会に浸透しはじめ、１９９９年に文部省が関連指令を出したことにより、企業や大学がセクハラの防止に取り組むようになり、現在ではセクハラは完全になくなっているわけではないが、典型的なセクハラ事案は前よりかなり減っている。これにはセクハラ概念の普及が大きな役割を果たしていると思われる。一方、パワハラの概念はまだ比較的に新しく、２０１２年に政府がワーキング・グループを設置してこの問題に取り組み始め、２０２０年に「パワハラ防止法↑１５０頁」が施行された。

ただし、筆者は今はハラスメント概念のインフレが起こっているとも感じたりすることがある。どんなことでも上下関係や指導関係があれば、ハラスメントだと言われかねないようになっている。このことについて懸念も感じる。適正な範囲内での指導や助言がハラスメントと言われることによって、上司や指導者が萎縮してしまい、指導の意欲を失うことは本末転倒である。もちろん、指導者側は常に適切な指導の方法、より相手に伝わるような伝え方の工夫を行う必要がある。また優位な立場にある者は自分がもっているパワーを自覚し、相手への思いやりを忘れないことが大切である。

一方、指導される側も自分の意に反したことを指摘されたり、自分のやり方が指摘されたりしたからといって、内省を行わずにすぐ「ハラスメント」と訴えることも、ある意味自身の成長の機会を見逃すことにもつながりかねない。

ハラスメント問題に携わっていると、この問題を防止するためには、相手への尊重、相手への思いやりは何よりも大切だと強く思う。筆者は中国の出身で、初めて来日したときに、さまざまな文化の違いに戸惑いもあったが、一方で日本文化の良さの一つに「思いやり」が挙げられると感じている。相手の立場に立って、相手がどのような気持ちになっているのか、どのような考えで今の言動を行ったのかを推し量ることが思いやりだと思う。思いやりがあれば、相手の人格を否定したり、相手をひどく傷つけるような言動は必然的に取らなくなるのではないだろうか。

しかし、相手の気持ちを推し量るのは難しいことでもある。それが苦手な人もいる。あるいは、わかっていても気持ちのコントロールができず相手を傷つけるような言動を発してしまうこともある。それも人間そのものである。かわいらしい一面もあれば、残酷であったり邪悪な一面も持ち合わせている。人間の善意を引き出すためには整った環境が大切であることは言うまでもない。そのために大学はそこに所属している教職員と学生が持ち合わせている能力を最大限に発揮できるようにハラスメントへの防止・相談体制を整える義務がある。それが組織の生産性を高めるための大切な手段でもある。

†　10－12頁ならびに79頁、１４８頁の「パワハラ防止法」に関しては左記の通りです。
労働施策総合推進法（労働施策の総合的な推進並びに労働者の雇用の安定及び職業生活の充実等に関する法律）が改正され、２０２０年６月１日より施行された（中小事業主は２０２２年４月１日から義務化）。

引用・参考文献（50音順）

第1章

・岡田康子、稲尾和泉『パワーハラスメント』日経文庫、2011年
・奥津眞里「女性雇用政策の現状と課題」第2回北東アジア労働フォーラム（日中韓ワークショップ）2003年10月31日（労働政策研究・研修機構ウェブサイト）
・小野和子編・著『京大・矢野事件――キャンパス・セクハラ裁判の問うたもの』イザラ書房、1998年
・キャンパス・セクシュアル・ハラスメント全国ネットワークの歩み編集委員会編『キャンパス・セクシュアル・ハラスメント全国ネットワークの歩み――1997～2001』2001年
・キャンパス・セクシュアル・ハラスメント全国ネットワーク編『キャンパス・セクシュアル・ハラスメント――大学の責任、どこまで、どうとらせるか』ひだまり出版、1998年
・甲野乙子『悔やむことも恥じることもなく――京大・矢野教授事件の告発』解放出版社、2001年
・人事院ウェブサイト　人事院規則10－10（セクシュアル・ハラスメントの防止等）の運用について平成10年11月13日職福――442　最終改正平成28年12月1日職職――272
・人事院ウェブサイト　人事院規則10－10（セクシュアル・ハラスメントの防止等）平成11年4月
・第7回全国集会記録集編集委員会編『キャンパス・セクシュアル・ハラスメント対策の次段階をめざして――第7回全国集会記録集』ひだまり出版、2002年
・内閣府男女共同参画局ウェブサイト
・秦澄美枝『男女共生社会の大学――文科省セクハラ規程から大学評価へ』社会評論社、2007年

第2章

・井口博、吉武清實『アカデミック・ハラスメント対策の本格展開――事案・裁判の争点／規程・体制の進化／相談・調整の要点』地域科学研究会、2012年
・葛文綺、佐竹圭介、久桃子、細野康文、大塚彩乃、神野文、七田千穂、山内浩美、千賀則史、中澤未美子、吉村和代、深見久美子、内川菜月「大学におけるハラスメント防止体制に関するアンケート調査――ハラスメント防止のための制度を中心に」愛知学院大学『心理臨床研究』20、2019年、19－29頁

・川喜田二郎『発想法――創造性開発のために』中公新書、1967年
・齋藤憲司「キャンパス・ハラスメント問題の発生要因分析と対処方法の明確化――第1報」『東京工業大学保健管理センター年報』31、2004年、95－103頁
・サトウタツヤ「TEA（複線径路等至性アプローチ）」『コミュニティ心理学研究』19（1）、2015年、52－61頁
・杉原保史『心理カウンセラーと考えるハラスメントの予防と相談――大学における相互尊重のコミュニティづくり』北大路書房、2017年
・千賀則史、葛文綺、佐竹圭介、細野康文、小柴孝子、山内浩美、中澤未美子、吉村和代、深見久美子、本田寛「大学におけるハラスメント事例への相談援助プロセスに関する質的研究」『心理臨床学研究』37（5）、2019年、503－509頁
・中川純子、杉原保史「ハラスメント相談における心理援助の専門的視点の意義について――大学におけるハラスメント相談窓口の経験から」『心理臨床学研究』28（3）、2010年、313－323頁
・仁平義明、大畑昇、繁桝算男、池田忠義、倉光修、齋藤憲司、田中健夫、高野明、丹野義彦、平石界、吉武清實「アカデミック・ハラスメント防止ガイドライン作成のための提言」アカデミック・ハラスメント防止など対策のための5大学合同研究協議会（北海道大学・東北大学・東京大学・東京工業大学・九州大学）、2004年
・久桃子、佐竹圭介、細野康文、大塚彩乃、葛文綺、千賀則史、中澤未美子、深見久美子、吉村和代、内川菜月、山内浩美「大学におけるハラスメント　相談体制の現状――全国の大学へのアンケート調査結果から」『学生相談研究』39（2）、2018年、118－129頁

第3章

・北仲千里、横山美栄子『アカデミック・ハラスメントの解決――大学の常識を問い直す』寿郎社、2017年
・木下康仁『グラウンデッド・セオリー・アプローチの実践』弘文堂、2003年
・九州大学ハラスメント対策委員会「九州大学ハラスメント対策ガイドライン」2018年
・金城学院大学ハラスメントに関する人権委員会「金城学院大学ハラスメントの防止と対応に関するガイドライン」2000年
・厚生労働省「職場のいじめ・嫌がらせ問題に関する円卓会議ワーキング・グループ報告」2012年a
https://www.mhlw.go.jp/stf/houdou/2r98520000021i2v-att/2r98520000021i4l.pdf（2019年7月23日閲覧）
・厚生労働省「望ましい働き方ビジョン」2012年b
https://www.mhlw.go.jp/stf/houdou/2r98520000025zr0-att/2r98520000026fpp.pdf（2019年8月1日閲覧）
・厚生労働省「女性の職業生活における活躍の推進に関する法律等の一部を改正する法律（令和元年6月5日公布）の概要」2019年

https://www.no-harassment.mhlw.go.jp/pdf/kaiseihou_200120.pdf
・千賀則史、葛文綺、小柴孝子、山内浩美、佐竹圭介、中澤未美子、吉村和代、深見久美子、久桃子、神野文、細野康文、本田寛『大学のハラスメント相談における心理職の専門性」『臨床心理学』19（3）、２０１９年、３５２－３６０頁
・東京大学ハラスメント防止委員会「東京大学セクシュアルハラスメント防止のためのガイドライン」２０１７年
・中川純子、杉原保史「ハラスメント相談における心理援助の専門的視点の意義について――大学におけるハラスメント相談窓口の経験から」『心理臨床学研究』28（3）、２０１０年、３１３－３２３頁
・名古屋大学ハラスメント防止対策委員会「名古屋大学ハラスメント防止対策委員会ガイドライン」２０１５年
・文部省「文部省におけるセクシュアル・ハラスメントの防止等に関する規程について」平成11年3月30日、文部省高等教育局長通知、１９９９年
・立命館大学、立命館附属校ハラスメント防止委員会「立命館大学ハラスメント防止のためのガイドライン」２０１９年

第４章

・井口博、吉武清實『アカデミック・ハラスメント対策の本格展開――事案・裁判の争点／規程・体制の進化／相談・調整の要点』高等教育情報センター、２０１２年
・北折充隆、太田伸「ＷＥＢ調査と質問紙調査の回答比較に関する研究」金城学院大学論集人文科学編、６（1）、２００９年、１－８頁
・北口末広、熊本理抄『近畿大学学生人権意識調査報告書――ハラスメント問題編』近畿大学人権問題研究所、２０１３年
・杉原保史『ハラスメントの予防と相談』北大路書房、２０１７年
・吉武清實「大学におけるアカデミック・ハラスメント対策」井口博、吉武清實『アカデミック・ハラスメント対策の本格展開――事案・裁判の争点／規程・体制の進化／相談・調整の要点』高等教育情報センター、２０１２年、１－１０９頁

謝辞

本書の一部（第2章、第3章第3節、第5章）は、著者らの共同研究グループが２０１６年から２０１９年に科学研究費助成事業として行った研究（基盤 C：課題番号 16K04354　研究課題名：「大学における有効なハラスメント防止・相談体制の構築に関する研究」）に基づいてその結果をまとめたものである。上記の共同研究において、調査にご協力いただいた全国の大学教職員の皆様、また、直接研究に関わった九州大学ハラスメント対策推進室、名古屋大学ハラスメント相談センター、立教大学人権・ハラスメント対策センターの皆様に、深く感謝申し上げます。

そして、本書の出版に当たり、学会や研究会などの研鑽の場を通して多くのご助言ご示唆を頂いた京都大学学生総合支援センターの杉原保史先生、中川純子先生、第３章第２節第３項の法律に関する内容においてご指導ご助言を賜りました名古屋第一法律事務所の荻原典子弁護士に御礼を申し上げます。

最後に、本書の構想から完成まで適切なご助言を下さり、作成の過程を根気よく見守ってくださった福村出版の編集者松山由理子さんに感謝いたします。

編 者 紹 介

山内浩美（やまうち　ひろみ）

1970 年生まれ
1993 年　上智大学文学部卒業
1995 年　アテネオ・デ・マニラ大学大学院心理学研究科カウンセリング心理学専攻
　　　　修士課程修了
2010 ~ 2011 年　東京大学教養学部留学生相談室特任講師
2011 ~ 2015 年　東京大学国際センター駒場オフィス特任講師
2015 ~ 2020 年　立教大学人権・ハラスメント対策センター専門相談員
現　在　早稲田大学保健センター学生相談室心理専門相談員
　　　　臨床心理士、公認心理師

葛　文綺（かつ　ぶんき）

1970 年生まれ
1997 年　横浜市立大学文理学部卒業
2004 年　名古屋大学大学院教育発達科学研究科心理発達科学専攻博士後期課程修了
　　　　（教育学博士）
2005 ~ 2007 年　宇部フロンティア大学人間社会学部福祉心理学科助手
2008 ~ 2017 年　名古屋大学ハラスメント相談センター相談員
現　在　愛知学院大学心身科学部准教授
　　　　臨床心理士、公認心理師
著　書　『こころの危機への心理学的アプローチ』（分担執筆）金剛出版 2019 年

執筆者紹介

山内浩美（やまうち　ひろみ）
【はじめに、第１章】
編者紹介参照

佐竹圭介（さたけ　けいすけ）
【第２章第１節、第３章第２節第２項、第４章第２節】
1977 年生まれ
2007 年　九州大学大学院人間環境学府人間共生システム専攻博士課程単位取得退学
2014 ～ 2019 年　九州大学ハラスメント対策推進室相談員
現　在　広島国際大学大学院心理科学研究科実践臨床心理学専攻講師
臨床心理士、公認心理師
著　書　『心理臨床、現場入門』（分担執筆）ナカニシヤ出版 2010 年

久　桃子（ひさし　ももこ）
【第２章第２節】
1985 年生まれ
2013 年　九州大学大学院人間環境学府人間共生システム専攻博士課程単位取得退学
（心理学博士）
2016 年～現在　九州大学ハラスメント対策推進室相談員
臨床心理士、公認心理師
著　書　『臨床動作法の実践をまなぶ』（分担執筆）新曜社 2019 年

千賀則史（せんが　のりふみ）
【第２章第３節、第３章第３節】
1981 年生まれ
2016 年　名古屋大学大学院教育発達科学研究科心理発達科学専攻博士後期課程修了
2017 ～ 2020 年　名古屋大学ハラスメント相談センター
現　在　同朋大学社会福祉学部准教授
臨床心理士、公認心理師
著　書　『子ども虐待　家族再統合に向けた心理的支援』明石書店 2017 年、他

小柴孝子（こしば　たかこ）
【第３章第１節、第４章第３節】
1961 年生まれ
2015 年　文教大学大学院人間科学研究科臨床心理学専攻博士後期課程単位取得退学
2017 ~ 2020 年　立教大学人権・ハラスメント対策センター専門相談員
現　在　　文教大学人間科学部准教授
　　　　　臨床心理士、公認心理師、キャリア・コンサルタント
著　書　　『わかりやすい臨床心理学入門』（分担執筆）福村出版 2009 年

葛　文綺（かつ　ぶんき）
【第３章第２節第１項、第５章】
編者紹介参照

内川菜月（うちかわ　なつき）
【第３章第２節第３項】
1984 年生まれ
2009 年　明治学院大学大学院心理学研究科臨床心理学専攻博士前期課程修了
2014 年~現在　名古屋大学ハラスメント相談センター相談員
　　　　　　　臨床心理士、公認心理師

李　明憙（り　みょんひ）
【第４章第１節】
1971 年生まれ
2004 年　名古屋大学大学院教育発達科学研究科心理発達科学専攻博士後期課程単位取得退学
2014 ~ 2017 年　名古屋大学ハラスメント相談センター相談員
2018 ~ 2020 年　北海道大学ハラスメント相談室専門相談員
現　在　　臨床心理士、大学カウンセラー

大学におけるハラスメント対応ガイドブック
――問題解決のための防止・相談体制づくり

2020年 7 月20日　初版第 1 刷発行
2021年 7 月 1 日　　　第 2 刷発行

編　者　山内浩美
　　　　葛　文綺
発行者　宮下基幸
発行所　福村出版株式会社
　　　　〒113-0034　東京都文京区湯島 2-14-11
　　　　TEL 03-5812-9702　FAX 03-5812-9705
　　　　https://www.fukumura.co.jp
印　刷　株式会社文化カラー印刷
製　本　協栄製本株式会社

Printed in Japan
ISBN978-4-571-24084-3　C3011
定価はカバーに表示してあります。
乱丁本・落丁本はお取り替えいたします。